Vudú de Nueva Orleans

Guía esencial del vudú de Luisiana

© Copyright 2024

Todos los derechos reservados. Ninguna parte de este libro puede ser reproducida de ninguna forma sin el permiso escrito del autor. Los revisores pueden citar breves pasajes en las reseñas.

Descargo de responsabilidad: Ninguna parte de esta publicación puede ser reproducida o transmitida de ninguna forma o por ningún medio, mecánico o electrónico, incluyendo fotocopias o grabaciones, o por ningún sistema de almacenamiento y recuperación de información, o transmitida por correo electrónico sin permiso escrito del editor.

Si bien se ha hecho todo lo posible por verificar la información proporcionada en esta publicación, ni el autor ni el editor asumen responsabilidad alguna por los errores, omisiones o interpretaciones contrarias al tema aquí tratado.

Este libro es solo para fines de entretenimiento. Las opiniones expresadas son únicamente las del autor y no deben tomarse como instrucciones u órdenes de expertos. El lector es responsable de sus propias acciones.

La adhesión a todas las leyes y regulaciones aplicables, incluyendo las leyes internacionales, federales, estatales y locales que rigen la concesión de licencias profesionales, las prácticas comerciales, la publicidad y todos los demás aspectos de la realización de negocios en los EE. UU., Canadá, Reino Unido o cualquier otra jurisdicción es responsabilidad exclusiva del comprador o del lector.

Ni el autor ni el editor asumen responsabilidad alguna en nombre del comprador o lector de estos materiales. Cualquier desaire percibido de cualquier individuo u organización es puramente involuntario.

Su regalo gratuito

¡Gracias por descargar este libro! Si desea aprender más acerca de varios temas de espiritualidad, entonces únase a la comunidad de Mari Silva y obtenga el MP3 de meditación guiada para despertar su tercer ojo. Este MP3 de meditación guiada está diseñado para abrir y fortalecer el tercer ojo para que pueda experimentar un estado superior de conciencia.

https://livetolearn.lpages.co/mari-silva-third-eye-meditation-mp3-spanish/

¡O escanee el código QR!

Índice

INTRODUCCIÓN 1
CAPÍTULO 1: ¿QUÉ HACE DIFERENTE AL VUDÚ DE NUEVA ORLEANS? 3
CAPÍTULO 2: PREPARARSE PARA EL VUDÚ 13
CAPÍTULO 3: INGREDIENTES Y MATERIALES QUE PUEDE NECESITAR 23
CAPÍTULO 4: BONDYE Y EL PANTEÓN DE LOS LOA 34
CAPÍTULO 5: LOA FEMENINAS MAYORES 43
CAPÍTULO 6: LOA MAYORES MASCULINOS 52
CAPÍTULO 7: CREE SU ALTAR VUDÚ 61
CAPÍTULO 8: USTED Y LA SABIDURÍA DE SUS ANTEPASADOS 70
CAPÍTULO 9: MUÑECOS VUDÚ Y AMULETOS 78
CAPÍTULO 10: HECHIZOS Y RITUALES VUDÚ PARA PROBAR 88
CONCLUSIÓN 102
VEA MÁS LIBROS ESCRITOS POR MARI SILVA 104
SU REGALO GRATUITO 105
REFERENCIAS 106

Introducción

El vudú de Nueva Orleans es una práctica que ha estado rodeada de misterio y conceptos erróneos durante años. Es desafortunado que, para muchos, el término vudú evoque imágenes de magia negra y sacrificios humanos, pero la realidad es que el vudú de Nueva Orleans es una compleja tradición espiritual con profundas raíces en la historia y la cultura de Luisiana.

En esta guía esencial sobre el vudú de Luisiana, se conoce en profundidad esta práctica poderosa y a menudo incomprendida. Este libro es perfecto, tanto para los principiantes que se están iniciando en la poderosa práctica del vudú de Nueva Orleans, como para aquellos que tienen algún conocimiento del vudú y quieren profundizar en su exploración. Este libro está escrito con un estilo claro y accesible que facilita la comprensión y el seguimiento de las distintas prácticas y rituales.

Hay muchos libros sobre el tema, pero se alegrará de haber elegido este. Se diferencia de otras guías similares por su enfoque práctico. En lugar de limitarse a explicar la historia y las creencias del vudú de Nueva Orleans, este libro incluye instrucciones paso a paso y consejos prácticos para participar en los distintos rituales y prácticas. Desde la creación de su propio altar hasta la realización de una ceremonia de curación vudú, el lector tiene todo lo que necesita para iniciar su propia práctica vudú.

Otro aspecto único de este libro es que se centra en el papel de Nueva Orleans en el desarrollo y la difusión del vudú. Esta ciudad ha sido durante mucho tiempo un centro de prácticas espirituales y desempeña un papel vital en la preservación y evolución del vudú en América. El libro se adentra en la historia de Nueva Orleans y sus diversas tradiciones espirituales, mostrando cómo el vudú encaja en este rico tapiz.

El lector encontrará los diversos espíritus y deidades fundamentales del vudú de Nueva Orleans. Entre ellos se encuentran los poderosos Loa, o espíritus, a los que se puede invocar en busca de guía, protección y curación. El libro explica los diferentes tipos de Loa y sus funciones dentro de la tradición vudú y proporciona orientación sobre cómo trabajar con ellos.

Si siempre ha querido conectar con lo Divino, profundizar sus raíces en la espiritualidad para vivir una vida con propósito y claridad, entonces este es definitivamente el camino para usted. No es para quienes solo buscan «moldear» sus vidas para que encajen con lo que consideran «estético». Es para quienes quieren conocer los caminos antiguos, las verdades divinas y las formas naturales de vivir en armonía con los demás. Leer este libro permite descubrir esto y mucho más. Si está listo para su nuevo viaje espiritual, empecemos.

Capítulo 1: ¿Qué hace diferente al vudú de Nueva Orleans?

Creencias

África Occidental es la cuna de donde surgió el vudú. La propia palabra *vudú* surgió en Luisiana en 1850 y se considera un derivado de la palabra francesa *voudou*. Algunos dicen que procede de la palabra *vodu*. Puede encontrarla deletreada de otras formas, como vodun, vodou, etc.

Por muchas razones, los no iniciados o ignorantes consideran que el vudú es una práctica de magia negra. Decir la palabra «*vudú*» trae inmediatamente a la mente cosas como maldecir a la gente o clavar alfileres en un muñeco. Pero esto no es más que una tergiversación. El vudú consiste en ser consciente de que todas las cosas y todas las personas están hechas de la misma esencia o espíritu. Por lo tanto, todo está conectado.

Aunque el vudú procede de África Occidental, tiene sus raíces en el catolicismo. Como religión sincrética, es una mezcla de sistemas de creencias procedentes de la Iglesia católica y de las costumbres *vodu* del África occidental. Una de las ideas fundamentales del vudú es que los humanos viven en un mundo con espíritus a su alrededor. Los humanos no somos los únicos. Hay espíritus conocidos como Loa o Lwa, así como los antepasados y los ángeles, todos los cuales habitan los mundos que no se perciben a simple vista. Estos espíritus son tan numerosos que solo los Loa son más de mil, algunos más conocidos que otros, y pueden dividirse en 17 panteones.

El vudú tiene sus raíces en el catolicismo
https://unsplash.com/photos/ZlIIA-4sGXU

Según el vudú, todos los espíritus habitan en Ginen, y todos fueron creados por Bondye, el Ser Supremo, que creó todas las cosas visibles e invisibles. El propósito de estos espíritus es simple. Se supone que actúan como ayudantes de Bondye, ocupándose de los asuntos del mundo exterior. No solo eso, sino que nadie más aparte de estos espíritus puede interactuar directamente con Bondye. Por lo tanto, si tiene alguna petición o rezo, debe pasar por los Loa. Esto no se debe a que a Bondye no le importe, sino simplemente a que la esencia de Bondye es tan diferente de la humanidad que la única forma de comunicarse de forma clara y precisa con él es a través de los Loa.

La práctica del vudú no es algo que se hace de vez en cuando. Es un estilo de vida, una toma de conciencia de que cada día está dedicado al servicio de los Loa. Este servicio implica muchas prácticas, como ritos, rituales, oraciones especiales, ofrendas y mucho más. Todo ello tiene por objeto conseguir que los Loa se involucren en sus asuntos diarios tanto como sea posible, para que lo bendigan, le ayuden a resolver problemas, lo mantengan seguro y sano y mucho más. Quienes practican el vudú bailan y cantan en honor de los Loa, y también entran en estados alterados de conciencia en los que los propios Loa los poseen y los utilizan para transmitir mensajes o simplemente para demostrar su presencia. La posesión también permite que quienes practican el vudú reciban consejos específicos cuando los necesitan.

El vudú es un sistema de creencias religiosas arraigado en la espiritualidad y considera que los ancestros son un aspecto importante de la vida. Antes de analizar qué diferencia al vudú de Nueva Orleans de otras formas de vudú, es importante tener una idea clara de los antecedentes de este sorprendente movimiento espiritual. A continuación, se ofrece una inmersión profunda en la historia y la cultura que condujeron al desarrollo del vudú de Nueva Orleans tal y como se conoce hoy en día.

Antecedentes históricos y culturales

Las raíces del vudú de Luisiana están rodeadas de misterio. En el año 1699, algunos franceses llegaron a la zona y se establecieron. Unos veinte años más tarde, llegaron africanos esclavizados. Las cosas permanecieron relativamente iguales durante más de cuarenta años, hasta que el Imperio Español tomó el relevo. Mantuvieron las riendas del poder hasta 1803. En esta época, se produjo un sincretismo entre el catolicismo que practicaban españoles y franceses, así como de las religiones de quienes habían sido esclavizados en África Occidental, y este fue el terreno fértil del que brotó el vudú.

Todas las personas obligadas a abandonar África Occidental conocían muchos venenos, plantas, hierbas medicinales, amuletos, rituales, talismanes y mucho más. Los utilizaban para mantenerse a salvo y terminaron formando parte del vudú de Luisiana o Nueva Orleans. Cuando los franceses dominaban la región, la mayoría de los africanos procedían de la cuenca del río Senegal. En concreto, pertenecían a la tribu bambara. También había otras tribus, como los dahomey y los kongoles. Después de que los españoles arrebataran el poder a los franceses, cada vez había más kongoleses esclavizados. Naturalmente, pronto hubo muchos más esclavos que europeos blancos. Incluso antes de que llegaran los esclavos, la colonia no era precisamente un bastión de excelencia y eficacia. En consecuencia, los recién llegados del África subsahariana acabaron apoderándose de la comunidad de esclavos.

Entre 1731 y 1732, había al menos dos africanos por cada europeo. Los europeos que se dedicaban a la agricultura y al negocio de esclavos no eran tan numerosos. Una de las cosas que facilitó que los africanos no dejaran diluir su cultura fue el hecho de que los blancos se aseguraron de que nunca interactuar con ellos a menos que fuera necesario. Esto facilitó que este grupo mantuviera su cultura lo más impoluta posible. Esto fue más común en el sur de Luisiana que en el norte del estado.

Debido al catolicismo y a las leyes establecidas por los franceses, no estaba permitido vender a los hijos de los esclavos a otras familias si no tenían al menos catorce años. Al no venderlos, no los separaban, por lo que se estrechaban los lazos entre ellos, además de compartir la comprensión mutua de su condición de esclavitud.

Una parte importante del vudú de Nueva Orleans consiste en llevar amuletos y otros objetos para mantenerse a salvo de los elementos y de otras personas y curarse de cualquier enfermedad. Por ejemplo, existía el Ouanga, un potente amuleto que se utilizaba sobre un enemigo para envenenarlo. Parte de los ingredientes de este amuleto eran raíces obtenidas del árbol africano *figuier maudit*.

En el año 1803, Luisiana pasó a ser propiedad de Estados Unidos. Fue entonces cuando los africanos de Saint-Domingue se alzaron para librarse de los colonizadores franceses y convertirse en la república que hoy conocemos como Haití. Algunos huyeron de la guerra y se instalaron en Luisiana. Llegaron con todo lo que tenían, incluido el vudú haitiano, resultado del sincretismo de las prácticas religiosas yoruba y fon, además de las católicas romanas. Emigraron suficientes personas como para que la población de Nueva Orleans se duplicara; al relacionarse entre sí, muchos nacidos en Luisiana optaron por practicar el vudú. No solo eso, sino que encontraron la manera de mezclar sus prácticas con el vudú haitiano, creando el vudú de Luisiana tal y como se conoce hoy en día. En este punto de la historia del vudú de Luisiana, es importante analizar las otras ramas del vudú para evidenciar en qué se diferencian del vudú de Nueva Orleans.

Las diferentes ramas del vudú

Vudú haitiano: El vudú haitiano es quizás la forma más conocida y practicada en el mundo occidental. Es una religión sincrética que combina elementos de las religiones tradicionales de África Occidental, el catolicismo y las creencias indígenas. El vudú haitiano se caracteriza por la veneración de los ancestros, la posesión de espíritus en los rituales y el uso de tambores y danzas en las prácticas religiosas. La religión también cuenta con un complejo sistema de espíritus, conocidos como

Lwa (Loa), que representan diversos aspectos del mundo natural y de la experiencia humana.

Un altar de vudú haitiano
*edk, 7Attribution-ShareAlike 2.0 Generic CC BY-SA 2.0 DEED
<https://creativecommons.org/licenses/by-sa/2.0/>https://www.flickr.com/photos/edk7/51102873969*

Voudou africano: El voudou africano, por su parte, es la forma más antigua y tradicional de vudú, con profundas raíces en las culturas de África Occidental. Se trata de una religión basada en la naturaleza y centrada en el culto a deidades conocidas como orishas, que representan diversos elementos y fuerzas naturales. El voudou africano subraya la importancia de la veneración de los antepasados, la curación y la adivinación. Sus rituales incluyen cantos, danzas y tambores. Sus practicantes suelen llevar trajes muy elaborados y utilizar objetos simbólicos durante las ceremonias.

Hoodoo: El hoodoo, también conocido como «trabajo de raíces», es una práctica de magia popular afroamericana que combina elementos de la espiritualidad africana con creencias cristianas. Los practicantes del hoodoo utilizan hierbas, aceites y otros ingredientes para crear pociones y amuletos con diversos fines, como el amor, la protección y el éxito. El hoodoo también incorpora a su práctica la adivinación y otras formas de magia.

Vudú de Luisiana: También llamado vudú de Nueva Orleans, esta forma se desarrolló en Nueva Orleans. El vudú de Nueva Orleans es una mezcla de tradiciones espirituales africanas, europeas y nativas americanas. Incluye el culto a los espíritus, la veneración de los ancestros y el uso de amuletos y hechizos. *En este libro aprenderá más sobre esta forma.*

Voudou brasileño: El voudou brasileño también se conoce como candomblé. Es una religión que se desarrolló en Brasil y está muy influenciada por las prácticas espirituales africanas. El voudou brasileño implica la adoración de orishas, o deidades, e incluye varios rituales y ceremonias.

Voudou dominicano: También conocido como Las 21 divisiones, el voudou dominicano es una forma de vudú practicada en la República Dominicana. El voudou dominicano implica la adoración de espíritus e incluye sus propios rituales y ceremonias.

Santería cubana: La santería cubana se denomina a veces lukumi. Se trata de una religión que se desarrolló en Cuba y que está muy influenciada por las prácticas espirituales africanas. La santería cubana rinde culto a los orishas, o deidades, e incluye una serie de rituales y ceremonias.

Cuando se trata de practicar estas formas de vudú, también entran en juego las creencias personales y, como resultado, algunas personas mezclan prácticas de las diferentes formas de vudú para manifestar lo que resuena con ellos espiritualmente.

La evolución del vudú de Nueva Orleans

Era natural que, con el tiempo, el vudú de Nueva Orleans evolucionara hasta convertirse en algo diferente, un conglomerado de creencias y prácticas de muchas tradiciones espirituales. El hoodoo, por ejemplo, es una forma de magia procedente de Sudamérica. Hoy en día se pueden encontrar claramente sus rastros en el vudú de Nueva Orleans.

El vudú de Nueva Orleans se sigue practicando porque es una verdadera forma de espiritualidad que conecta con lo divino en su interior y a su alrededor. Muchos de los que siguen este camino proceden de los practicantes de vudú originales responsables de la religión. Sin embargo, hay un número creciente de personas que no son de Nueva Orleans y no tienen ninguna conexión con el vudú, pero están muy interesadas en este camino. Algunas personas se sienten atraídas de forma natural, por lo que el vudú de Nueva Orleans sigue extendiéndose. Esto es algo maravilloso porque, en el pasado, el vudú era algo que la mayoría de la gente demonizaba. Hoy en día, mucha gente no solo lo reconoce, sino que lo acepta como una parte válida de la cultura de Nueva Orleans.

Cuando se considera toda la evolución del vudú de Nueva Orleans, es difícil ignorar el hecho de que sigue creciendo y adaptándose a los tiempos y a las creencias de los practicantes actuales. Este modo de vida espiritual es todavía una parte intrínseca de la ciudad de Nueva Orleans. Los lugareños y los visitantes aprecian todas sus prácticas, su historia y su resistencia.

Mitos, ideas falsas y mentiras malintencionadas

Es una triste verdad que, antaño, el vudú era muy menospreciado, especialmente en la cultura popular. Muchos asumían erróneamente que el vudú era lo mismo que la malvada magia negra o una cosa oscura en la que no se debía incursionar. El vilipendio del vudú no es casual. Algunos estaban profundamente interesados en desacreditar el vudú por lo que pensaban que representaba.

Una de las principales razones por las que el vudú fue tan incomprendido es su relación con el continente africano y la diáspora. A principios de los siglos XIX y XX, cuando el vudú empezó a popularizarse en Occidente, muchos tenían una actitud terrible hacia los africanos y sus culturas. Era una época en la que reinaban el racismo y la xenofobia. Mirando a través de esa lente, esas personas asumían que todo lo relacionado con el vudú era bárbaro y primitivo. Todo lo relacionado con esta práctica se consideraba ignorante. Para ellos, los practicantes del vudú eran salvajes. Por lo tanto, asegurarse de que esta religión no prosperara y se convirtiera en una mancha en sus costumbres y culturas ya establecidas y legales era muy importante para ellos.

Otro incentivo para denigrar el vudú es que está estrechamente relacionado con el espíritu de libertad, la justicia social y la rebelión contra el poder. Los colonizadores de la época temían profundamente los efectos de unificación que podía tener la práctica de esta religión. Y con razón, porque el vudú se convirtió en una herramienta para alimentar la resistencia contra la opresión y conseguir finalmente la libertad de los pueblos africanos esclavizados. Sabiendo esto, los colonialistas pusieron todos sus recursos para que esta religión fuera demonizada y así evitar que los esclavos disintieran o se resistieran a su dominio.

Las suposiciones erróneas de los ignorantes sobre el vudú son alimentadas por la forma en que Hollywood lo representa. Hollywood y la cultura popular desempeñaron un papel importante en la perpetuación de los estereotipos negativos sobre el vudú. En muchas películas y programas de televisión, el vudú se presenta como una práctica oscura y misteriosa asociada a espíritus malignos, magia negra y sacrificios humanos. Esta representación del vudú es a menudo sensacionalista y exagerada; no representa con exactitud la verdadera naturaleza de la religión.

Otra razón de la tergiversación del vudú en la cultura popular es la influencia de prejuicios religiosos y culturales. Muchas sociedades occidentales tienen una historia de demonización de las religiones no cristianas, especialmente cuando son practicadas por pueblos esclavizados o colonizados. En el caso del vudú, este prejuicio llevó a la difusión de creencias falsas y negativas sobre la religión. A pesar de estas ideas erróneas, el vudú es una religión profundamente espiritual y fortalecedora que enfatiza en el crecimiento personal, la comunidad y la conexión con el mundo natural. Sus prácticas y creencias se basan en una profunda reverencia por los ancestros, la naturaleza y lo divino. Sus rituales y ceremonias están diseñados para conectar a los practicantes con estas poderosas fuerzas espirituales.

En los últimos años ha crecido el interés por el vudú como práctica espiritual legítima. Se está intentando reivindicar su legítimo lugar como religión poderosa y transformadora. A través de la educación, el intercambio cultural y una mayor representación en los medios de comunicación, muchos practicantes están trabajando para disipar los mitos y conceptos erróneos que han dominado durante mucho tiempo las ideas sobre la religión y para celebrar su rica historia y su perdurable legado de revolución, libertad e iluminación espiritual.

Madame Laveau

Madame Laveau, la reina del vudú de Nueva Orleans, fue una poderosa figura del vudú de Luisiana. Su legado es un testimonio del poder duradero de esta tradición espiritual y de quienes la practican. Nacida en 1801, Madame Laveau fue una mujer de notable fuerza y resistencia. Se hizo famosa a principios del siglo XIX como líder de la comunidad vudú de Nueva Orleans. Su conocimiento de los rituales y prácticas del vudú no tenía parangón y sus seguidores la veneraban por su capacidad para curar a los enfermos y lanzar poderosos hechizos.

La influencia de esta poderosa mujer se extendió mucho más allá de la comunidad vudú. Era una figura respetada en la sociedad de Nueva Orleans y era conocida por sus actos de caridad y bondad. Utilizó su posición de poder para defender los derechos de los marginados y luchar contra las injusticias de la época. Madame Laveau influyó profundamente en el vudú de Luisiana. Contribuyó a dar forma a los rituales y prácticas de la tradición, y su legado sigue inspirando a los practicantes de vudú en la actualidad. Su reputación como poderosa hechicera y curandera la convirtió en una figura legendaria en el mundo del vudú, y se dice que su espíritu sigue presente en Nueva Orleans. Se puede decir que su vida y su legado son un testimonio del poder del vudú y de su capacidad para transformar vidas. Fue una verdadera pionera y visionaria, y sus contribuciones a la tradición nunca serán olvidadas.

Dr. John

El Dr. John, practicante de vudú, era conocido por sus profundas raíces en el vudú de Luisiana. Era un maestro de las artes místicas y un poderoso practicante de rituales y hechizos que constituyen el núcleo de esta compleja tradición espiritual. A través de su música, Dr. John llevó la magia y el misterio del vudú de Luisiana a un público más amplio. Impregnó sus canciones con los ritmos y conjuros de las ceremonias vudú que había presenciado y en las que había participado a lo largo de su vida. Se inspiró en las tradiciones espirituales de sus ancestros y en las enseñanzas de sus mentores para crear una expresión única y poderosa que resonó en todo el mundo.

El Dr. John era un hábil practicante de las artes vudú y gozaba del respeto de la comunidad vudú de Nueva Orleans y de otros lugares. Era conocido por realizar poderosos hechizos y curar a los enfermos y a quienes sufrían utilizando hierbas, aceites y otros remedios naturales. Además de sus contribuciones musicales y espirituales, el Dr. John fue también defensor del patrimonio cultural de Luisiana y sus gentes. Fue un defensor incansable de la conservación de las tradiciones y costumbres únicas de la región, incluido el vudú. Trabajó para garantizar que se transmitieran a las generaciones futuras.

La influencia de este hombre en el vudú de Luisiana y en el panorama cultural amplio de Nueva Orleans es inestimable. Fue un auténtico visionario y un maestro de su oficio, y su legado seguirá inspirando y guiando a la gente durante generaciones. El doctor fue una figura extraordinaria que tejió los hilos de lo místico y lo musical en un tapiz singular. Nació en Nueva Orleans (Luisiana) a principios del siglo XX y creció en el corazón de la rica cultura de la ciudad. Llegó a ser conocido como «Dr. John» en honor a un sacerdote vudú del mismo nombre que vivió en el siglo XIX. Era un maestro del piano, un auténtico «hombre de *blues*» que tocaba con alma y pasión. Impregnaba su música con los ritmos de su querida Nueva Orleans, la diáspora africana y los sonidos del bayou.

La música de Dr. John no era solo una celebración del rico patrimonio cultural de Nueva Orleans, sino también una potente expresión de la experiencia humana. Cantaba al amor, al dolor, a la alegría y a la tristeza. Era un narrador, un bardo que tejía historias de la gente y los lugares que conocía. El legado del Dr. John perdura a través de su música y de las vidas que tocó. Fue un visionario, un pionero y un ser original. Su arte fue un testimonio de la fuerza del espíritu humano y su vida, del poder transformador de la música.

Capítulo 2: Prepararse para el vudú

Puede que quiera servir a los Loa, pero una gran pregunta lo inquieta. Se pregunta si está bien simplemente levantarse y empezar a practicar vudú de inmediato, sin preparación. Bueno, lo primero que tiene que entender si realmente quiere practicar, es que debe iniciarse.

Muñecos vudú
Bill Couch, Attribution-NonCommercial-NoDerivs 2.0 Generic CC BY-NC-ND 2.0 DEED
<*https://creativecommons.org/licenses/by-nc-nd/2.0/*>*https://www.flickr.com/photos/wcouch/3464210637*

La importancia de la iniciación formal

No se exagera con la importancia de la iniciación en el vudú. Es una religión sagrada que exige un profundo respeto y reverencia. No puede tomarse a la ligera ni abordarse sin la orientación y la formación adecuadas. En el vudú, los sacerdotes y sacerdotisas se conocen como *houngans* y *mambos*, respectivamente. Estos individuos fueron iniciados en la religión y se sometieron a un riguroso proceso de formación y estudio. Poseen un profundo conocimiento de las prácticas y tradiciones del vudú y pueden guiar a los practicantes a través del proceso de iniciación.

Para encontrar verdaderos houngans y mambos, es importante investigar y ser precavido. Desgraciadamente, algunos intentan estafar a otras personas haciéndose pasar por practicantes de vudú. Estos individuos suelen hacer promesas poco realistas o pedir grandes sumas de dinero a cambio de sus servicios. Hay que desconfiar de ellos y buscar profesionales legítimos. Una forma de saber si un houngan o mambo es auténtico es buscar recomendaciones de otros practicantes o miembros de la comunidad vudú. También puede buscar a personas que lleven practicando muchos años y tengan un profundo conocimiento de las prácticas y tradiciones de la religión. Un verdadero houngan o mambo también será respetuoso y cauto en su enfoque y no prometerá resultados poco realistas.

Los requisitos para iniciarse en el vudú pueden variar según la casa o la comunidad. En general, sin embargo, implica un proceso de formación, estudio y ritual. Puede incluir el aprendizaje de la historia y las tradiciones de la religión, el desarrollo de una relación con los espíritus y los antepasados y la participación en prácticas rituales. Es un viaje profundamente personal y espiritual que requiere dedicación y compromiso. Al buscar verdaderos houngans y mambos y someterse al proceso de iniciación, desarrollará una profunda comprensión y apreciación de las prácticas y tradiciones del vudú. A través de este proceso, conectará plenamente con las poderosas fuerzas del universo y abrazará las prácticas espirituales de la religión.

El papel de la casa

En el rico y vibrante tapiz del vudú de Luisiana, los practicantes no son simplemente individuos solitarios, sino que a menudo forman parte de una comunidad mayor llamada «casa». Estas casas son familias espirituales que proporcionan a sus miembros orientación, apoyo y protección. Los practicantes se agrupan en casas según un linaje o tradición espiritual común. Cada casa tiene sus propias prácticas, rituales y creencias, que se transmiten de generación en generación. Estas casas suelen tener un patriarca o matriarca, considerado el líder espiritual que orienta a los miembros.

Formar parte de una casa tiene muchas ventajas, ya que proporciona un sentimiento de comunidad y pertenencia y permite un crecimiento y un desarrollo espiritual más profundos. Los miembros de una casa aprenden unos de otros, comparten experiencias y se apoyan mutuamente en los altibajos de la vida. Pero formar parte de una casa no consiste simplemente en socializar o tener un sentimiento de pertenencia. Es también un compromiso serio con la práctica del vudú. Las casas son responsables de garantizar que sus miembros sigan el protocolo correcto y lleven a cabo su trabajo espiritual de forma responsable y respetuosa. El papel de una casa es proporcionar a sus miembros un entorno seguro y de apoyo para la práctica del vudú y guiarles en su camino espiritual. Es un lugar de aprendizaje y crecimiento donde los practicantes desarrollan sus habilidades y obtienen una comprensión más profunda de los misterios del universo.

Convertirse en sacerdotisa o sacerdote

El vudú es una forma de vida, un camino hacia la iluminación y una llamada a lo divino. Responder a la llamada de los espíritus y convertirse en houngan o mambo no es una decisión que deba tomarse a la ligera. Requiere un profundo compromiso con la fe, la voluntad de aprender y la entrega a los misterios del universo. El camino no es fácil, pero es gratificante para quienes están llamados a él. El proceso de convertirse en houngan o mambo requiere tiempo y dedicación. No es algo que pueda apresurarse ni emprenderse a la ligera. Requiere un periodo de estudio, reflexión y contemplación bajo la guía de un sacerdote o sacerdotisa experimentado.

Los aspirantes a houngans y mambos deben someterse a una serie de iniciaciones, cada una de las cuales les acerca más a lo divino. Estas iniciaciones son complejas y muy rituales, y cada paso requiere el dominio de un nuevo conjunto de habilidades y conocimientos. A través de las iniciaciones, el houngan o mambo se conecta más profundamente con los espíritus y es más capaz de aprovechar su poder. El viaje para convertirse en houngan o mambo no puede hacerse en solitario. Requiere el apoyo de una comunidad, una casa, de compañeros practicantes que guíen y orienten al aspirante en su camino. Estas casas no son clubes sociales, sino organizaciones profundamente espirituales, cada una con sus propias tradiciones, prácticas y secretos.

El papel de una casa es proporcionar un hogar al practicante, un lugar donde desarrollar sus habilidades, aprender de los demás y recibir apoyo en su camino. Los beneficios de pertenecer a una casa son muchos: acceso a recursos, protección frente a la energía negativa y orientación por parte de practicantes experimentados. Ser llamado a convertirse en houngan o mambo no es una decisión que se tome a la ligera. Es una llamada de los espíritus, un camino hacia la iluminación y una forma de vida. Para aquellos que son llamados a ello, el viaje es difícil, pero también es uno de los caminos más gratificantes y satisfactorios que se pueden emprender.

Preparación mental

Los siguientes son consejos esenciales de preparación mental para practicar el vudú.

Pase tiempo en la naturaleza: Tómese tiempo para conectar con la naturaleza y observar sus ciclos. Preste atención a las plantas, los animales y los elementos que lo rodean. La naturaleza es un elemento esencial del vudú de Luisiana, una religión profundamente conectada con el mundo natural. Los practicantes de vudú creen que todas las cosas de la naturaleza, desde los árboles hasta los animales, están llenas de energía espiritual que puede aprovecharse y canalizarse con fines mágicos. Pasar tiempo al aire libre permite conectar con esta energía y comprender mejor los ciclos naturales que son fundamentales para la práctica del vudú.

Cuando pasa tiempo en la naturaleza, aprende a reconocer los signos del cambio de las estaciones, las fases de la luna y los ritmos de las mareas. Observe el comportamiento de animales y pájaros y aprenda a leer los mensajes que transmiten. Al sumergirse en el mundo natural, sintoniza con el flujo de energía que conecta a todos los seres vivos y desarrolla un mayor sentido de la armonía y el equilibrio en su vida.

Para un practicante de vudú, esta conexión con el mundo natural es esencial, ya que proporciona una base para el trabajo mágico. Trabajar con la energía del mundo natural permite a los practicantes de vudú aprovechar esta energía para crear un cambio positivo en sus vidas y en las vidas de quienes los rodean. Así que tómese su tiempo para conectar con la naturaleza, observar sus ciclos y aprender sus secretos. Al hacerlo, se está preparando para adentrarse en el rico y complejo mundo del vudú de Luisiana.

Practique la atención plena: Practique estar presente en el momento, observando sus pensamientos sin juzgarlos. Al cultivar la atención plena, desarrolla una conexión más profunda con los espíritus y el mundo natural.

La meditación es una forma estupenda de desarrollar esta importante habilidad, un elemento crucial del viaje espiritual que le permite observar sus pensamientos y ser consciente de lo que le rodea. A través de la meditación, puede aquietar la mente y concentrarse en la respiración, lo que le permite estar plenamente presente en cada momento de vigilia.

Esta conciencia le permite conectar con los Loa y la energía que lo rodea, abriendo el camino a experiencias espirituales más profundas.

Los siguientes son ejercicios que puede hacer para elevar su vibración y ponerse en el espacio mental y energético adecuado para practicar vudú:

Meditación con velas

1. Busque un lugar tranquilo para sentarse y encienda una vela. Asegúrese de que no haya nada alrededor que pueda prenderse.
2. Concéntrese en la llama, dejando que sus ojos se fijen en ella.
3. Deje que su respiración se vuelva profunda y lenta y mantenga su atención en la llama.
4. A medida que surjan pensamientos, reconózcalos y luego vuelva a centrarse en la llama.
5. Permanezca en este estado meditativo entre cinco y diez minutos.

Meditación del amor amable

1. Busque un lugar tranquilo y cómodo para sentarse o acostarse.

2. Concéntrese en su respiración, inhalando profundamente por la nariz y exhalando por la boca con los labios ligeramente separados.
3. Una vez que haya encontrado un estado tranquilo y centrado, concéntrese en las personas que le importan en su vida.
4. Imagine que les envía energía positiva y amor, como una luz brillante que irradia desde el centro de su corazón.
5. Amplíe el círculo de personas a las que envías amor, incluyendo a aquellas con las que tenga relaciones difíciles o incluso a personas que no conozca bien.
6. Termine la meditación volviendo a centrarse en usted mismo, imaginando la misma energía amorosa que irradia desde su interior.

Lea y estudie: Aprenda todo lo posible sobre la historia, las tradiciones y las prácticas del vudú. Esto le ayudará a comprender y apreciar mejor la religión. Para convertirse en vuduista, primero debe sumergirse en la rica historia, tradiciones y prácticas de la religión. La lectura y el estudio pueden ayudarle a comprender y apreciar mejor el vudú y a sentar las bases de su propia práctica.

Aprendiendo sobre los orígenes y la evolución del vudú, las creencias y costumbres, el simbolismo y los rituales, se puede ver la belleza y la complejidad de esta antigua religión. Estudiar el vudú también ayuda a comprender las funciones y responsabilidades de un practicante y cómo acercarse al Loa con respeto y humildad. Si lee las experiencias de otros practicantes de vudú, comprenderá mejor los retos y las recompensas de este camino y aprenderá de la sabiduría de quienes le han precedido. Recuerde, el conocimiento es poder, y armándose de conocimientos sobre el vudú, podrá prepararse mental y espiritualmente para la práctica. Con una mente abierta y un espíritu dispuesto, puede aprender y crecer en los caminos de los Loa.

Conecte con sus ancestros: Honre a sus antepasados y aprenda sobre su historia familiar. Esto ayuda a sentirse más arraigado y conectado a sus raíces. Conectar con sus ancestros es crucial en la preparación para la práctica del vudú. La veneración de los ancestros es una parte integral del vudú, y la religión hace hincapié en mantener una fuerte conexión con el propio linaje. Al conocer la historia de su familia y honrar a sus antepasados, adquiere un conocimiento más profundo de su historia personal y aprovecha el poder espiritual que emana de sus ancestros. En el vudú, se cree que los espíritus de los muertos influyen profundamente en los vivos. Los practicantes que descuidan el contacto con sus antepasados corren el riesgo de quedar aislados de esta fuente de poder espiritual. Cuidando y mejorando su relación con sus antepasados, establece una base de respeto y reverencia que le ayudará a navegar por el complejo panorama espiritual del vudú con gracia y sensibilidad.

Cultive la intuición: Practique la confianza en sus instintos y su intuición. Empiece prestando atención a su cuerpo y observe cómo responde a distintas situaciones. Fomentar su intuición es un componente fundamental de la preparación para la práctica del vudú. El vudú es una religión que valora la intuición, el instinto y el discernimiento espiritual. Cuando aprende a confiar en su intuición, está más sintonizado con la energía y el espíritu que lo rodea. Esta conciencia le ayuda en sus interacciones con los Loa, sus antepasados y el mundo que lo rodea. Prestando atención a su cuerpo, puede empezar a reconocer los signos y señales que le da. Su instinto puede alertarle de situaciones que le parezcan extrañas o peligrosas, o guiarlo hacia personas y experiencias positivas y edificantes. Esta práctica de escuchar a su cuerpo y a su intuición ayuda a desarrollar un sentido más profundo de confianza en usted mismo y en sus instintos, lo que resulta muy beneficioso en la práctica del vudú.

En el vudú, se cree que los Loa se comunican con usted a través de su intuición y sus sentidos espirituales. Al desarrollar su intuición, es más capaz de discernir los mensajes y la orientación que los Loa le envían. Fortaleciendo su intuición y practicando el discernimiento espiritual, estará mejor equipado para navegar por el mundo del vudú y conectar con sus energías y entidades.

Los siguientes son ejercicios que ayudan con la intuición:

Ejercicio de exploración corporal

1. Encuentre un lugar tranquilo para sentarse o acostarse y cierre los ojos.
2. Respire profundamente varias veces y deje que su cuerpo se relaje. Inhale por las fosas nasales y exhale por la boca con los labios ligeramente separados.
3. Empezando por la parte superior de la cabeza, concéntrese en cada parte de su cuerpo, de una en una, bajando lentamente hasta los dedos de los pies.

4. Note cualquier sensación, tensión o malestar que sienta en cada zona y observe sin juzgar.
5. Permítase sentir cualquier emoción o recuerdo que surja durante la exploración.
6. Ahora, permita que esa parte de su cuerpo se relaje. Imagine que está hecho de cemento y que se hunde cada vez más en la relajación, más pesado con cada respiración.
7. Una vez finalizada la exploración, respire hondo varias veces y abra los ojos lentamente.

Diario intuitivo

1. Reserve un tiempo cada día para sentarse y escribir en un diario.
2. Hágase una pregunta o establezca una intención para la sesión.
3. Escriba cualquier pensamiento o sentimiento que le venga a la mente sin juzgarlo ni analizarlo.
4. Preste atención a cualquier tema o patrón recurrente en su escritura.
5. Cuando termine de escribir, respire profundo y reflexione sobre lo que escribió.

Toma de decisiones intuitiva

1. Cuando se enfrente a una decisión, haga una pausa y respire profundamente unas cuantas veces.
2. Sintonice con su cuerpo y perciba las sensaciones físicas que surjan.
3. Pregúntese cómo lo hace sentir cada opción, tanto emocional como físicamente.
4. Preste atención a cualquier empujón intuitivo o percepción que surja.
5. Tome una decisión basada en lo que lo hace sentir más alineado con su intuición, en lugar de pensar o analizar en exceso.

Debe entender que la intuición es como un músculo, «úselo o piérdalo». Debe darle tiempo para fortalecerse y debe ser constante con los ejercicios para mejorar en la lectura de su instinto.

Lecturas recomendadas

Hay muchos libros que puede leer y que le ayudarán en su viaje. Aquí tiene una lista de cinco de los mejores disponibles:

- *«Mama Lola: A Vodou Priestess in Brooklyn»* (Mama Lola: Una sacerdotisa vudú en Brooklyn), de Karen McCarthy Brown - Este libro es un relato personal de la vida y la práctica de una sacerdotisa haitiana de Vudú, Mama Lola, que lleva practicando más de cuarenta años. Ofrece una visión en profundidad de las actividades cotidianas de una practicante de vudú e incluye una exploración de la historia, las tradiciones y las creencias de esta religión.
- *«The New Orleans Voodoo Handbook»* (Manual de vudú de Nueva Orleans), de Kenaz Filan - Este libro incluye información sobre la historia, las creencias y las prácticas del vudú de Luisiana.
- *«Voodoo in New Orleans»* (El vudú en Nueva Orleans), de Robert Tallant - Este libro explora la historia del vudú en Nueva Orleans e incluye información sobre la práctica del vudú de Luisiana.
- *«The Magic of Marie Laveau: Embracing the Spiritual Legacy of the Voodoo Queen of New Orleans»* (La magia de Marie Laveau: Conocer el legado espiritual de la reina del vudú de Nueva Orleans), de Denise Alvarado - Este libro es una guía completa para la práctica del vudú de Luisiana e incluye información sobre la vida y el legado de la famosa reina del vudú, Marie Laveau.
- *«The Rootworker's Guide to Healing and Wellness»* (Guía del curandero para la sanación y el bienestar), de Stephanie Rose Bird - Este libro incluye información sobre la práctica del trabajo de enraizamiento, que está estrechamente relacionado con el vudú de Luisiana, y orienta sobre cómo utilizar hierbas, raíces y otros remedios naturales para la curación.

Tenga en cuenta que estas recomendaciones son solo un punto de partida y que existen muchos otros libros sobre vudú. Como siempre, es importante acercarse a cualquier nueva práctica espiritual con una mente abierta y un espíritu de investigación, así como investigar por cuenta propia para encontrar los recursos más útiles. Debe educarse porque el vudú es una religión sagrada. No puede iniciarse en ella o hacer rituales solo porque tiene ganas. Resista la tentación de tomárselo a la ligera y, por favor, no haga tonterías invocando espíritus; en lugar de eso, haga lo correcto, busque ser iniciado formalmente y respete esta forma de vida.

Si quiere aprender más sobre la importancia de los espíritus y los ancestros en la práctica del vudú de Luisiana y tiene curiosidad sobre cómo limpiar energéticamente su hogar y mantenerlo protegido y seguro, definitivamente va a querer seguir leyendo.

Capítulo 3: Ingredientes y materiales que puede necesitar

Los materiales utilizados en los hechizos vudú no son simplemente físicos, sino que tienen un gran significado espiritual. El practicante necesita entender el significado de estos materiales y el papel que desempeñan en los rituales de vudú. Cada material tiene su propia energía y simbolismo espiritual, y la comprensión adecuada de estos elementos es necesaria para la práctica exitosa del vudú de Luisiana.

Hierbas y raíces, velas y aceites son los tres materiales principales utilizados en los hechizos vudú; cada uno tiene su propio significado espiritual. Solo tomándose el tiempo de entender los significados espirituales de estos materiales se puede aprovechar adecuadamente su poder e incorporarlos en los propios rituales. Mediante el estudio de los significados y usos de estos materiales, se pueden crear hechizos propios alineados con sus necesidades e intenciones únicas. La comprensión de los materiales y sus significados espirituales es crucial para la práctica exitosa del vudú de Luisiana y para cultivar una comprensión más profunda de la religión en su conjunto.

Hierbas y raíces

Las hierbas y las raíces desempeñan un papel fundamental en el vudú de Luisiana. Se utilizan en los hechizos para aprovechar el poder de la naturaleza y trabajar en conjunto con las energías del universo. En el vudú, cada planta y cada raíz tiene su propio significado espiritual, su función y su uso en los hechizos. Uno de los aspectos más importantes del trabajo con hierbas y raíces en el vudú es comprender sus propiedades y sus energías. Se dice que cada hierba y raíz tiene una vibración única, y cuando se utiliza en hechizos, mejora el resultado deseado. La siguiente es una lista de 59 hierbas y raíces, junto con sus significados espirituales, roles y uso en hechizos:

Las hierbas y raíces son esenciales en las prácticas vudú
https://unsplash.com/photos/iSGbjKZ9erg

1. Raíz de Angélica: utilizada para protección, descruzamiento y suerte en hechizos de juego.
2. Hoja de laurel: se utiliza para la protección y la purificación.
3. Cimicífuga: utilizada para protección y purificación.
4. Sal negra: utilizada para protección y destierro.
5. Fucus: utilizado para protección y potenciar los poderes psíquicos.
6. Cardo bendito: utilizado para la protección y la purificación.
7. Cimicífuga racemosa: se utiliza para la protección y la mejora de los poderes psíquicos.
8. Boneset (eupatoria): se utiliza para la protección y la curación.
9. Raíz de cálamo: utilizada para hechizos de mando y control.
10. Alcanfor: utilizado para la purificación y la protección.
11. Hierba gatera: utilizada para hechizos de amor y suerte.

12. Cedro: utilizado para la purificación y la protección.
13. Canela: utilizada para hechizos de éxito, protección y dinero.
14. Clavo: utilizado para hechizos de protección y destierro.
15. Consuelda: se utiliza para hechizos de protección y curación.
16. Copal: utilizado para purificación y limpieza.
17. Damiana: utilizada para hechizos de amor y lujuria.
18. Diente de león: se utiliza para la adivinación y para llamar a los espíritus.
19. Cordón del diablo: utilizado para hechizos de protección y suerte.
20. Sangre de Drago: utilizada para protección y purificación.
21. Eucalipto: utilizado para la curación y la purificación.
22. Hinojo: utilizado para la purificación y la protección.
23. Incienso: se utiliza para la purificación y la limpieza.
24. Hierba de cinco dedos: se utiliza para atraer el éxito y las oportunidades.
25. Galanga: utilizado para descruzar y proteger.
26. Jengibre: utilizado para hechizos de amor y dinero.
27. Espino blanco: utilizado para hechizos de protección y destierro.
28. Hisopo: utilizado para la purificación y la protección.
29. Jazmín: utilizado para el amor y la mejora psíquica.
30. Enebro: utilizado para hechizos de protección y destierro.
31. Kava Kava: utilizado para la protección y la mejora psíquica.
32. Lavanda: utilizada para el amor, la purificación y la curación.
33. Toronjil: utilizado para hechizos de amor y felicidad.
34. Limonaria: utilizada para la mejora psíquica y la purificación.
35. Raíz de regaliz: utilizada para hechizos de mando y control.
36. Raíz de la mano afortunada: utilizada para la buena suerte.
37. Raíz de mandrágora: utilizada para la protección y el aumento del poder personal.
38. Artemisa: utilizada para la adivinación y el aumento de los poderes psíquicos.
39. Gordolobo: utilizado para hechizos de protección y destierro.

40. Mirra: utilizada para la purificación y la protección.
41. Ortiga: utilizada para hechizos de protección y destierro.
42. Olivo: utilizado para hechizos de protección y paz.
43. Cáscara de naranja: se utiliza para hechizos de amor.
44. Pachulí: utilizado para hechizos de amor y dinero.
45. Menta: se utiliza para la purificación y la curación.
46. Pino: utilizado para la purificación y la protección.
47. Trébol rojo: utilizado para hechizos de amor y dinero.
48. Rosa: se utiliza para el amor y la protección.
49. Ruda: utilizada para hechizos de protección y descruzamiento.
50. Salvia: utilizada para la purificación y la protección.
51. Sándalo: utilizado para la purificación y la protección.
52. Hierba dulce: se utiliza para la purificación.
53. Ajenjo: enraizamiento espiritual, protección, capacidades psíquicas, adivinación.
54. Milenrama: valor, amor, capacidades psíquicas, protección, exorcismo.
55. Acedera: curación, dinero, fertilidad, atracción, éxito.
56. Yerba santa: purificación, protección, crecimiento espiritual, habilidades psíquicas.
57. Ylang Ylang: amor, romance, sensualidad, calma, relajación.
58. Cúrcuma: dinero, suerte, protección, adivinación, amor.
59. Cinia: amor, amistad, abundancia, valor, felicidad.

Velas

Las velas juegan un papel vital en los hechizos vudú, ya que se utilizan para enfocar y dirigir la energía hacia un objetivo o intención específica. Los diferentes colores de las velas tienen diferentes significados y se asocian con propósitos específicos. En el vudú, el color de la vela utilizada en un hechizo a menudo se elige en función del resultado deseado o la intención del practicante. Al elegir una vela para un hechizo, es importante tener en cuenta su color, tamaño y forma. Algunos practicantes prefieren usar velas simples, sin perfume. Otros, por el contrario, prefieren velas perfumadas con aromas específicos correspondientes a la intención del hechizo.

Diferentes velas de distintos colores simbolizan las intenciones en los rituales vudú
https://unsplash.com/photos/iSyyY1GfYSw

Hablemos ahora de los colores de las velas. El uso de colores en el vudú se basa en la creencia de que cada color representa una energía o intención específica. Los orígenes de esta práctica no están del todo claros, ya que forma parte de la tradición oral transmitida a través de generaciones de practicantes. Sin embargo, se cree que el uso de los colores en el vudú se remonta a las prácticas espirituales de África Occidental. En el vudú, cada color se asocia con ciertos atributos y energías. Por ejemplo, el rojo se asocia a menudo con la pasión, el amor y el coraje, mientras que el negro se asocia con la protección y el destierro de las energías negativas. El verde se asocia a menudo con el dinero, la abundancia y la prosperidad, mientras que el blanco se asocia con la pureza, la paz y la curación.

La práctica de utilizar colores en los hechizos y rituales vudú se basa en la idea de que lo semejante atrae a lo semejante. Utilizando velas, telas u otros materiales de un color determinado, los practicantes atraen la energía o la intención asociada a ese color. Por ejemplo, si quiere atraer el amor, puede utilizar una vela roja para representar la pasión y la energía del amor. Recuerde que cuando utiliza colores en el vudú, mejora y dirige la energía de su hechizo o ritual. Puede crear un hechizo o ritual poderoso y efectivo eligiendo el color correcto y entendiendo sus energías e intenciones asociadas. También puede mezclar colores, dependiendo de lo que quiera conseguir. Aquí hay una lista de velas

recomendadas y sus significados espirituales, roles y usos en hechizos:
1. Vela roja: utilizada en hechizos de amor, de pasión, de fuerza y de coraje.
2. Vela rosa: utilizada en hechizos de amistad, de romance y de curación emocional.
3. Vela naranja: se utiliza en hechizos de creatividad, de éxito y de confianza.
4. Vela amarilla: utilizada en hechizos de comunicación, de claridad y de inspiración.
5. Vela verde: utilizada en hechizos de fertilidad, de crecimiento, de abundancia y de éxito financiero.
6. Vela azul: utilizada en hechizos de curación, de paz y de tranquilidad.
7. Vela púrpura: utilizada en hechizos de habilidad psíquica, de espiritualidad y de transformación.
8. Vela blanca: utilizada en hechizos de purificación, de protección y de iluminación espiritual.
9. Vela negra: utilizada en hechizos para desterrar la negatividad, para romper hechizos y en hechizos de protección.

Cuando se utilizan velas en los hechizos vudú, es importante encenderlas con intención, centrando su energía y atención en el resultado deseado. Algunos practicantes prefieren ungir sus velas con aceites, tallar símbolos o palabras en ellas, o utilizarlas junto con otros materiales como cristales, hierbas o talismanes para aumentar la eficacia del hechizo.

Velas especiales

Otros tipos de velas especiales se utilizan en el vudú más allá de las tradicionales velas cónicas. He aquí algunos ejemplos:
1. **Velas de siete días:** Estas son velas más grandes que están destinadas a arder continuamente durante siete días. A menudo se utilizan en hechizos o rituales más largos y pueden estar inscritas con símbolos o palabras específicas.
2. **Velas con figuras:** Estas velas tienen forma de personas o animales y pueden utilizarse para representar a un individuo concreto o para recurrir a las cualidades espirituales de esa

persona o animal. Por ejemplo, una vela negra con forma de gato puede utilizarse para la protección o la suerte, mientras que una vela roja con forma humana puede utilizarse para hechizos de amor.

3. **Velas reversibles:** Estas son velas que son negras en un extremo y rojas en el otro y se utilizan en hechizos para revertir la negatividad o el daño de vuelta a la persona que lo envió.

4. **Velas de doble acción:** Son velas que tienen dos colores, normalmente negro en un extremo y otro color (como verde o rojo) en el otro. Se utilizan tanto para eliminar energía negativa como para atraer energía positiva.

5. **Velas gigantes:** Son velas grandes que vienen en una variedad de formas y colores. Se pueden utilizar en lugar de varias velas o para crear una llama más fuerte e intensa.

6. **Velas calavera:** Tienen la forma de un cráneo humano. Se utilizan en hechizos relacionados con la comunicación con los muertos y en hechizos para fortalecer los poderes mentales e influir en los demás.

7. **Velas de gato negro:** Son velas con forma de gato negro. Se utilizan en hechizos para la suerte, la protección e incluso para romper maldiciones o maleficios.

8. **Velas diablo:** Son velas con forma de diablo o demonio. Se utilizan en hechizos para desterrar energías o entidades negativas.

Aceites

El uso de aceites en el vudú de Nueva Orleans se basa en la creencia de que poseen propiedades espirituales y mágicas que pueden aprovecharse para influir en aspectos específicos de la vida. Las raíces de esta práctica se remontan a las primeras prácticas espirituales africanas que constituyeron la base del vudú. Muchas plantas y hierbas se han utilizado durante siglos por sus propiedades medicinales y mágicas, y se cree que los aceites esenciales extraídos de estas plantas tienen propiedades similares.

En el vudú de Nueva Orleans, los aceites se utilizan a menudo como parte de los conjuros, un aspecto importante de la tradición. Se cree que cada aceite tiene un significado espiritual específico y puede utilizarse para diversos fines, desde atraer el amor y la riqueza hasta proteger y desterrar las energías negativas. Cuando se utilizan con velas, hierbas y otras herramientas rituales, se cree que los aceites aumentan la eficacia del hechizo.

Los orígenes exactos del uso de aceites en el vudú no están claros, pero se cree que ha sido una práctica común entre muchas tradiciones espirituales africanas y afrocaribeñas. Algunos creen que el uso de aceites pudo ser influenciado por el antiguo Egipto y otras culturas de Oriente Medio, que también utilizaban aceites esenciales en ceremonias religiosas y como parte de prácticas curativas. Los aceites son fundamentales cuando se trata de hechizos. Se utilizan de muchas maneras diferentes en la práctica del vudú, desde ungir velas y otros objetos hasta vestirse para un ritual. Cada aceite tiene su propio significado espiritual, papel y uso en los hechizos, y saber qué aceite usar para un propósito particular es clave para el éxito en el vudú. Ahora, aquí están 54 de los aceites recomendados para el vudú de Luisiana, junto con sus significados espirituales, roles y uso en hechizos:

- Aceite de almendras: prosperidad, fertilidad y sabiduría.
- Aceite de albahaca: purificación, protección y prosperidad.
- Aceite de bayas de laurel: prosperidad, éxito y protección.
- Aceite de laurel: protección, purificación y capacidades psíquicas.
- Aceite de benjuí: purificación, protección y prosperidad.
- Aceite de bergamota: dinero, éxito y claridad mental.
- Aceite de pimienta negra: protección, purificación y energía.
- Aceite de alcanfor: purificación y protección.
- Aceite de alcaravea: protección, purificación y claridad mental.
- Aceite de cardamomo: amor, sensualidad y claridad mental.
- Aceite de cedro: purificación, protección y curación.
- Aceite de manzanilla: relajación, purificación y capacidades psíquicas.
- Aceite de canela: amor, éxito y poder.
- Aceite de citronela: repeler las energías negativas y los insectos.
- Aceite de clavo: protección, amor y riqueza.
- Aceite de coco: purificación y protección.
- Aceite de ciprés: protección, purificación y curación.

- Aceite de sangre de drago: protección y destierro de energías negativas.
- Aceite de eucalipto: curación, purificación y protección.
- Aceite de incienso: purificación espiritual, protección y curación.
- Aceite de gardenia: amor, paz y protección.
- Aceite de hinojo: purificación, protección y prosperidad.
- Aceite de geranio: amor, sensualidad y capacidades psíquicas.
- Aceite de jengibre: amor y prosperidad.
- Aceite de pomelo: energía y protección.
- Aceite de jazmín: amor, crecimiento espiritual y capacidades psíquicas.
- Aceite de enebro: protección, purificación y curación.
- Aceite de lavanda: relajación, paz y curación.
- Aceite de limón: purificación, protección y amor.
- Aceite de hierba limón: purificación, protección y capacidades psíquicas.
- Aceite de lima: purificación, amor y curación.
- Aceite de loto: crecimiento espiritual, iluminación y pureza.
- Aceite de magnolia: amor, atracción y pureza.
- Aceite de menta: curación, purificación y prosperidad.
- Aceite de almizcle: sensualidad, atracción y conexión a tierra.
- Aceite de mirra: purificación, protección y curación.
- Aceite de neroli: amor, relajación y purificación.
- Aceite de nuez moscada: suerte, prosperidad y claridad.
- Aceite de naranja: amor, purificación y energía.
- Aceite de raíz de lirio: adivinación, capacidades psíquicas y protección.
- Aceite de pachulí: amor, prosperidad y conexión a tierra.
- Aceite de menta piperita: purificación, protección y claridad mental.
- Aceite de pino: purificación, protección y curación.
- Aceite de rosa: amor, belleza y capacidades psíquicas.

- Aceite de romero: protección, purificación y claridad mental.
- Aceite de sándalo: purificación, protección y curación.
- Aceite de menta verde: curación, purificación y protección.
- Aceite de hierba de búfalo: purificación, protección y crecimiento espiritual.
- Aceite de árbol del té: purificación, protección y curación.
- Aceite de tomillo: valor, purificación y protección.
- Aceite de vainilla: amor, sensualidad y pasión.
- Aceite de vetiver: enraizamiento, protección y sensualidad.
- Aceite de milenrama: protección, curación y capacidades psíquicas.
- Aceite de ylang-ylang: amor, sensualidad y relajación.

La seguridad es importante

Es muy importante tener en cuenta que algunas de las hierbas y aceites utilizados en las prácticas vudú pueden ser muy peligrosos si se ingieren o se utilizan de forma inadecuada. Cualquiera que desee participar en tales prácticas debe hacerlo con cautela. Por ejemplo, la ingestión de ciertas hierbas puede causar graves problemas de salud; incluso el contacto con ciertos aceites puede provocar irritaciones cutáneas o reacciones alérgicas. Además, es vital asegurarse de que los objetos utilizados en los hechizos de vudú no dañen el medio ambiente. Por lo tanto, cuando se trata de utilizar hierbas y aceites en las prácticas de vudú, debe tener mucho cuidado, respeto y responsabilidad.

Las mujeres embarazadas deben tener cuidado al utilizar cualquier tipo de aceite, especialmente durante el primer trimestre. Entre los aceites que deben evitarse durante el embarazo figuran la albahaca, el abedul, el alcanfor, la canela, la salvia romana, el clavo, el hinojo, el hisopo, el enebro, la mejorana, la mirra, la menta piperita, el romero, la salvia y el tomillo. Algunos aceites son más propensos a causar reacciones alérgicas que otros. Entre ellos se encuentran los aceites de canela, clavo, limonaria y árbol del té. Siempre se recomienda realizar una prueba del parche antes de utilizar cualquier aceite o producto nuevo sobre la piel.

Las personas con determinadas afecciones médicas deben evitar el uso de ciertos aceites. Por ejemplo, las personas con hipertensión deben evitar el uso de aceites estimulantes como el romero y la menta piperita, mientras que las personas con epilepsia deben evitar el uso de aceites estimulantes como el romero, la menta piperita y el eucalipto. Las personas con asma deben evitar el uso de aceites que puedan desencadenar un ataque, como el eucalipto y la menta.

También es importante tener en cuenta que algunos aceites pueden ser tóxicos para animales y plantas. Aceites como los de árbol de té, canela y algunos cítricos pueden ser tóxicos para perros y gatos. Cuando utilice aceites cerca de mascotas, es importante hacerlo en una zona bien ventilada y asegurarse de que las mascotas no los ingieran ni entren en contacto con ellos. Además, algunos aceites pueden ser perjudiciales para las plantas. Por ejemplo, el aceite de menta puede ser tóxico para algunas plantas e incluso matarlas. Al utilizar aceites cerca de las plantas, es importante investigar sus efectos de antemano y tener precaución al aplicarlos.

Ahora, probablemente se muere por saber más del Creador y sus espíritus ayudantes. En el próximo capítulo, obtendrá respuesta a sus preguntas más intrigantes.

Capítulo 4: Bondye y el panteón de los Loa

No puede pretender practicar vudú sin saber todo lo necesario sobre Bondye, o el creador supremo, así como sobre los Loa (o Lwa). Estas son las entidades más importantes del vudú.

Bondye es el creador supremo del universo
https://pixabay.com/es/illustrations/meditaci%C3%B3n-reflexi%C3%B3n-universo-5286678/

Dioses vudú, santos católicos

A partir de 1501, los africanos fueron esclavizados y llevados a las colonias caribeñas para trabajar en plantaciones de azúcar y minas. Así fue hasta 1821, año en que finalmente España declaró ilegal el comercio de esclavos. En 1860 había unos 350.000 esclavos en Cuba. Entre ellos había muchos yoruba de Nigeria, procedentes de Ijebu, Ife, Kesu y Egba, entre otras regiones yoruba. También había muchas personas de Togo y Benín. Los yorubas que llegaron eran agricultores por naturaleza. Su cultura tenía una estructura social formada por diferentes reinos.

Algo para destacar de la cultura yoruba es que tiene una mitología muy rica. Por ejemplo, el panteón yoruba. Es bastante amplio y está formado por seres divinos. A cada uno de ellos se le conoce como orisha. A veces, la palabra se deletrea «orisa». Entre ellos están Changó, Oyo (se pronuncia aw-yaw), Yemayá, Egba, Obatalá, Ogun, etc. Estos seres son los que mantienen a salvo al pueblo yoruba. Cuando los esclavos africanos fueron obligados a abandonar sus tierras para ir a Brasil, Haití, Cuba y República Dominicana, tuvieron que encontrar formas creativas de seguir practicando su religión. Esto llevó al sincretismo del vudú con el catolicismo romano, que era la religión de los amos coloniales.

El *sincretismo* es el proceso de combinar diferentes visiones religiosas o ideologías para que encajen. Se trata de fusionar diferentes prácticas, teológicamente hablando, de modo que haya una cierta forma de unidad, haciendo posible la práctica de diferentes religiones sin lidiar con la disonancia cognitiva que inevitablemente surge al seguir dos formas de vida claramente diferentes. Así, hubo una mezcla de vudú con catolicismo romano. También se pueden encontrar elementos de la masonería.

Los Códigos Negros, también conocidos como *Code Noir*, se implantaron durante la colonización francesa y española de Nueva Orleans. Esto ocurrió en 1724. Los códigos pretendían abarcar todo lo relacionado con los asuntos de los esclavos. Estipulaban que no se podían practicar religiones paganas al aire libre. También que todos los esclavistas debían convertir a sus esclavos al cristianismo a más tardar ocho días después de llegados a la colonia. Debían enseñarles las creencias católicas romanas y bautizarlos. Así que, a medida que los esclavos aprendían sobre el catolicismo, encontraban formas de incorporar sus creencias tradicionales africanas a lo que estaban aprendiendo.

A veces, los esclavistas eran un poco «más amables» debido a las festividades de días como Pascua y Navidad. Dejaban que los esclavos tuvieran libertad, aunque solo fuera por un tiempo. Seguían siendo esclavos, pero se les concedía algo de tiempo libre para pasar las fiestas como quisieran. También tenían tiempo libre los domingos por la tarde. Los esclavos aprovechaban sus momentos de libertad (que les correspondía por derecho) para practicar su religión con los demás. Los domingos por la tarde se reunían en Congo Square, una zona designada por las normas de Nueva Orleans para las reuniones de los africanos. Allí creaban sus propias costumbres y tradiciones.

La gente encontró una forma de relacionar a sus deidades o Loa con los santos católicos romanos. Por ejemplo, en San Pedro, veían a Papa Legba, ya que es conocido como el que abre el reino de los espíritus para permitir el acceso, y San Pedro suele pintarse o dibujarse con llaves del paraíso en la mano. En la Mater Dolorosa, encontraron a Ezili Freda, una Loa a la que le encanta todo lo relacionado con el lujo y el amor. En San Patricio, los vuduistas encontraron a Damballa, una serpiente. Este santo suele aparecer con serpientes. A veces consideran que Damballa es Moisés, ya que su bastón se convirtió en una serpiente que se tragó a todas las demás serpientes de los sacerdotes egipcios cuando Dios le envió a liberar a los israelitas. Cosme y Damián eran originalmente médicos de origen árabe, hermanos gemelos que acabaron convirtiéndose en mártires cristianos. En ellos, los africanos vieron a los Marasa, que son Loas gemelos sagrados.

Bondye

El vudú es una práctica centrada en la creencia en un creador conocido como Bondye. Etimológicamente, el nombre Bondye procede del francés Bon Dieu, que significa «Buen Dios». Se trata del creador increado, el que está a cargo de todas las cosas. Algunos se refieren a este creador como *gran met*, que significa el gran maestro. En términos de ideología, este dios es casi igual al concepto cristiano de Dios. Sin embargo, cuando se trata de vudú, nadie debe acercarse a Bondye directamente, porque es una falta de respeto y un ejercicio inútil.

La forma de acercarse a Bondye es a través de los Lwa (o Loa), que representan las diferentes expresiones del poder del creador. Acercarse a Bondye directamente es inútil porque está más allá de la comprensión de un humano, ya que él es mucho más. Por lo tanto, la única manera de llegar a él y recibir de él es a través de los Loa. Esta es la razón por la que los vuduistas dirigen su atención a estos seres y por la que nunca oirá a nadie afirmar que *Bondye lo ha poseído* en persona. ¿Significa esto que Bondye no se interesa por los asuntos humanos? Por supuesto que no. Debe comprender que todo forma parte del plan de Bondye, incluso cuando no lo parece.

Todo vuduista sabe que no hay una sola persona o cosa que no esté conectada con el *gran met*. Por lo tanto, Bondye debe ser reconocido y honrado utilizando los métodos y ritos correctos en todas las ceremonias. Este ser está envuelto en el misterio y escapa a la comprensión humana. Es el incognoscible que lo sabe todo, el que mantiene la rueda de la vida girando a perpetuidad. Algunas personas pueden suponer erróneamente que, puesto que Bondye es literalmente el «Dios Bueno», existe una fuerza igual y opuesta a la que podríamos llamar «*Mal Dieu*» o el «Dios Malo». No es así en absoluto.

Naturalmente, esto causa cierta confusión a aquellos que están acostumbrados a asumir que todas las cosas en la religión requieren dualidad. Y esto debería también hacerles preguntarse cuáles son los conceptos del bien y del mal a los ojos de Bondye y a los ojos del verdadero vuduista. Lo que hay que entender es que no se trata de bueno y malo, sino del grado de demostración de la presencia de Bondye en la vida de cada uno. Esta demostración se reduce a las elecciones que se hacen. Por lo tanto, hacer cosas que le favorezcan económica, físicamente y en cualquier otro aspecto de la vida es algo bueno. Cuando hace cosas que le quitan ese bienestar, se consideran malas.

No hay una sola persona que no esté hecha a imagen de Bondye. No hay nada ni nadie que no tenga la esencia de Bondye fluyendo a través de sí. Él creó a la humanidad utilizando solo arcilla y agua, trabajando con los mismos elementos que utilizó para crear el mundo. Los vuduistas entienden que proceden de la tierra y que no es casualidad que cuando los humanos fallecen, vuelven a la tierra. Puesto que todas las personas están hechas de la misma materia que la tierra, es una creencia muy arraigada en el vudú que no hay nada que pueda ir en su contra, aunque lo parezca, ya que todos los humanos están hechos de la misma materia.

El panteón de los Loa

Los Loa o Lwa están divididos en varios panteones, también conocidos como *nanchons* (que significa «naciones») o familias. Cada uno de ellos tiene sus propios requisitos, metodologías y ethos en cuanto a ritos y ceremonias. Se dice que hay al menos diecisiete *nanchons*, pero no todos son igualmente populares o conocidos, y hay algunos principales. Por ejemplo, panteones como el Wangol y el Nago, también conocidos como el Ibo y el Kongo, forman ahora parte del panteón Petro. Los panteones mayores son:

1. El Rada Loa
2. El Petro Loa
3. El Gede Loa

Es posible que haya oído a alguien afirmar que los Petro Loa son malos y que los Rada son los buenos. Lamentablemente, esa información es errónea. En cuanto a los Loa y a su magia, no se puede aplicar la ética habitual. Para que quede claro, hubo una época en la que se consideraba que los Petro solo estaban relacionados con la magia maligna, mientras que los Rada se consideraban buenos. Esto llevó a la idea de que los Petro Loa son peligrosos destructores a los que es mejor dejar en paz y que los Rada son muy indulgentes y clementes.

La verdad es que los Petro pueden ser buenos y lo han demostrado una y otra vez. Además, por muy pacíficos y dulces que sean los Rada Loa, su venganza puede ser rápida y despiadada si se cruza con ellos. Si pregunta a los devotos que no cumplen con sus obligaciones religiosas, se lo dirán. Así pues, evite caer en la trampa de utilizar ideas básicas de moralidad para definir los panteones Loa. Esto no significa que deba asumir que el vudú es una forma de vida libre de moralidad y que tiene licencia para ser una persona terrible. Como vuduista, debe tener claro lo que está bien y lo que está mal, y también entender que, al fin y al cabo, todo se trata de su servicio a los Loa y a Bondye, que es quien mantiene el mundo tal y como lo conoce.

El panteón de los Rada Loa

La raíz etimológica de Rada es Arada, un reino dahomien que existió durante la colonización de Haití. A los Rada Loa se les llama los gentiles, porque tienen la cabeza fría y son dulces. Antes de emprender cualquier acción, consideran detenidamente todos los hechos de la situación. Por esta razón, puede estar seguro de que el juicio que emiten es justo y merecido. Tienen especial cuidado en mantener el equilibrio y la armonía en todas las cosas.

Lo mejor del panteón Rada es que siempre puede contar con ellos. Les encanta estar conectados con sus fieles seguidores y adoran la idea de la familia. Sus nombres demuestran lo mucho que significan para ellos los lazos familiares. Todos los rituales implicados en la adoración de estos Loa proceden del reino de Arada. Una de las peculiaridades de estos seres es que su color es el blanco, por lo que no es raro ver paños y otros objetos blancos en los altares dedicados a ellos. Algunos de los Rada Loa son, aunque no se limitan a:

- Papa Legba, que guarda la puerta y el portón.
- Ounto, el Loa de los tambores.
- Marassa, los gemelos divinos.
- Damballa Wedo, el espíritu de la paz y la tranquilidad, y el padre serpiente.
- Sobo, que trae la prosperidad.
- La sirena, la seductora que gobierna el mar.
- Granne Halouba, la mujer sabia.
- Erzilie Freda, la dulce reina de la belleza, el lujo y la riqueza.
- Bossou, el toro poderoso.
- Klemezin, la que trae la iluminación.
- Lovana, la que elimina los obstáculos.

El panteón de los Petro Loa

Se dice que la palabra «Petro» procede de Dom Pedro, el que estuvo al frente de la rebelión cimarrona del siglo XVIII. Los espíritus de este panteón también se pueden considerar colectivamente. Estos son espíritus de cabeza caliente, y sus formas son bastante volátiles. Todo en ellos es agresivo, pero esto no es necesariamente malo. Existe la agresión positiva. Cuando actúan, tienen una fuerza innegable. En cuanto a los altares, es mejor tener este separado del de los Rada Loa en el *ounfo* (que significa «templo»). Tampoco hay que invocarlos nunca al mismo tiempo que se invoca a los Rada durante los rituales y ritos ceremoniales.

Todo vuduista sabe que los Petro Loa aparecen de forma espectacular y, por alguna razón, son particularmente buenos para hacer que sucedan cosas relacionadas con el dinero. Si quiere ofrecer algo a los Petro Loa, prepáreles café, pimientos picantes, alcohol, cigarrillos, sangre y otras cosas de esa naturaleza. Si alguna vez presencia una ceremonia o ritual para estos seres, notará que el tamborileo es a un ritmo realmente rápido y se siente muy poderoso, a veces áspero. Verá a vuduistas con látigos que hacen chasquear. Algunos hacen sonar silbatos muy fuertes, y también tienen pólvora explosiva. Estos Loa tienen el rojo como color, lo que hace sentido con todas sus características descritas. Algunos de los Petro Loa son, entre otros, los siguientes:

- Kalfou, el espíritu de las encrucijadas.
- Simbi Andeazo, el espíritu del agua salada y dulce, de la lluvia y de los baños.
- Ti Jean Petro, el espíritu del fuego y de la revolución.
- Gran Bwa, el espíritu del árbol, el que gobierna el bosque nocturno.
- Simitye, el que trae el cambio, la conexión entre Petro y Gede.
- Ezili Danto, madre de Haití.
- Linglinsou, espíritu violento de la venganza.

El panteón de los Gede Loa

A veces, Gede se escribe *Ghede* o *Guede*. Estos Loa se encargan de todos los asuntos relacionados con la muerte y la fertilidad. Su estilo musical de tambores y danzas se conoce como Banda. Al igual que los demás Loa, poseen a los vuduistas de su entorno. Cuando lo hacen, suelen rociarse con una mezcla de 21 pimientos Scotch bonnet y un ron de caña de azúcar crudo conocido como *clairin*. A veces utilizan pimientos de cabra en su lugar.

El Gede Loa suele celebrarse durante un festival conocido como Fet Gede, que tiene lugar el 2 de noviembre de cada año. Es como el Día de los Difuntos o la Fiesta de los Muertos. Los devotos de estos Loa disfrutan de su generosidad. Si se ha hecho algún bien al pueblo que no ha sido apreciado, saben que los Loa vengarán su falta de aprecio. Estos seres son muy sensuales. Si aún no está familiarizado con sus costumbres, puede que se sienta horrorizado, pero no hay razón para estarlo. Son seres irreverentes, su baile es una mímica del sexo. Son conocidos por llevar a los muertos a la siguiente etapa de la vida. El color de este panteón es el negro. Estos son algunos de los Gede Loa:

- Papa Gede, el psicopompo.
- Brav Gede, el que vigila el cementerio.
- Guede Nibo, el psicopompo y patrón de los que fallecieron de forma no natural.
- Maman Brigitte, protectora de las lápidas.
- Barón Criminel, el ejecutor y primer asesino.

Se profundiza en cada panteón en capítulos posteriores, pero por ahora, si quiere saber más sobre los Loa, puede investigar un poco por su cuenta.

Veves

En el vudú, los devotos de los Loas ocasionalmente les piden que vengan y se apoderen de sus cuerpos para que, a través de ellos, puedan comunicarse con los demás e interactuar. Esto no es algo que suceda en cualquier momento y lugar. Existen rituales con prácticas específicas que deben seguirse al pie de la letra. Durante los rituales, se pueden presenciar bailes, tambores, cánticos y otras exhibiciones, sobre todo cuando se produce la posesión. Durante estos rituales, los veves cobran vital importancia. Se trata de símbolos especiales que están conectados con cada Loa. Del mismo modo, cada Loa tiene danzas especiales, ritmos de tambor, colores, etc., y símbolos únicos que portan su energía. Normalmente, los veves se dibujan en el suelo arenoso del espacio ritual o en cualquier sustancia pulverulenta del suelo.

A medida que avanzan los rituales, los veves sirven como una especie de plataforma en la que los devotos colocan sus ofrendas a los Loa. Es importante que las ofrendas realizadas estén en resonancia energética con los veves y el Loa que los devotos pretenden invocar. Una vez dibujado el veve, se vierten libaciones sobre él y se coloca una vela en su centro. Para infundir vida y energía al veve, un devoto debe hacer sonar una campana mientras todos rezan al Loa. Si alguna vez es necesario invocar a más de un Loa, deben dibujarse y enlazarse todos sus veves, prestando especial atención al tipo de sustancia pulverulenta que se utiliza para cada uno de ellos. A algunos les gusta el café, a otros el polvo de ladrillo y a otros el polvo blanco.

Aunque el veve de cada Loa es diferente (y algunos Loa tienen más de un veve), algunas cosas permanecen constantes en todos ellos. La veta actúa como un faro que atrae hacia ella a todos los barcos relevantes. Su función es atraer la atención de los Loa, y no solo eso, sino también actuar como amplificador de la energía de los Loa en ese espacio. Por lo tanto, podría suponer que tatuarse con un veve de Loa es lo más adecuado, para mantener su presencia siempre con usted, o que puede colocarlo donde quiera en su casa sin pensarlo mucho, pero no es así.

Por favor, no se tatúe un veve. Lo más probable es que los Loa decidan ignorarlo cuando los necesite, en el mejor de los casos. Lo peor que puede ocurrir si falta al respeto a los veves es que enfade a los espíritus Petro, y ya sabe que no quiere caerles mal. Cuando usa un veve, su intención debe ser clara y sincera. Una vez más, el vudú es una forma de vida, no una «estética» de la que presumir. Por favor, trátelo como tal.

Ahora, es el momento de ver algunas de las poderosas Loa femeninas del vudú de Luisiana.

Capítulo 5: Loa femeninas mayores

Este capítulo echa un vistazo a las Loa más importantes del vudú de Luisiana, que son hembras. Para que quede claro, este capítulo no cubre todas las Loa femeninas que existen, por lo que es posible que quiera investigar más a fondo si quiere aprender acerca de alguno que no se menciona aquí.

Maman Brigitte

Maman Brigitte es la Loa de la muerte y los cementerios en el vudú de Luisiana. Es una fuerza ardiente y poderosa y tiene una personalidad que refleja su asociación con la muerte y el más allá.

Maman Brigitte es la Loa de la muerte
https://www.pexels.com/photo/black-gold-14704594/

A menudo se representa a Maman Brigitte como una mujer alta, escultural, de piel oscura y pelo rojo fuego. Se dice que es regia y feroz, que tiene ojos penetrantes que pueden ver el alma de quienes se cruzan en su camino.

Su veve es un símbolo poderoso, con un corazón sobre un triángulo y otras líneas y dibujos intrincados. Otros símbolos que la representan son una calavera, huesos cruzados, una serpiente y un ataúd. Estos símbolos representan su conexión con la muerte y el más allá y su papel como poderosa sanadora y protectora.

Maman Brigitte suele sincretizarse con la santa católica romana Santa Brígida, conocida por sus poderes curativos y su asociación con el fuego y la luz.

En cuanto a sus correspondencias, Maman Brigitte se asocia con el color púrpura y los pimientos picantes, el ron y el tabaco. Se dice que le gusta especialmente la ruda, que se utiliza en muchos rituales y hechizos vudú.

Maman Brigitte está estrechamente relacionada con los Gede Loa, conocida por su carácter irreverente y malicioso. Se dice que mantiene una estrecha relación con el Barón Samedi, el Loa de la muerte y la resurrección. A menudo se recurre a ella para que guíe a las almas al más allá.

Los relatos relacionados con Maman Brigitte suelen describirla como una mujer intrépida y de carácter fuerte que no teme a la muerte ni a lo desconocido. Se dice que tiene un temperamento feroz y una actitud firme, pero también una profunda compasión por quienes buscan su guía.

Las ofrendas preferidas por Maman Brigitte incluyen ron, pimientos picantes, tabaco y objetos asociados con la muerte y el más allá, como velas negras e imágenes de calaveras o cementerios. Los signos de que recibe y acepta la ofrenda pueden ser una sensación de calor o un cambio repentino en el ambiente.

Maman Brigitte se celebra y honra en Nueva Orleans durante el festival anual del Día de los Muertos y otras ceremonias vudú a lo largo del año. A menudo se recurre a ella para que guíe a las almas al más allá y ofrezca protección a quienes buscan su ayuda.

Ezili Freda

En el mundo del vudú hay una Loa conocida por su belleza, su elegancia y su amor por el lujo. Se trata de Ezili Freda, la Loa del amor, la sensualidad y el lujo. A Ezili Freda se la representa como una hermosa mujer de piel clara, vestida con un vaporoso vestido blanco y adornada con perlas y otras joyas finas. Su veve, o símbolo sagrado, es un diseño en forma de corazón que suele dibujarse con tonos rosas, blancos y azules. Está sincretizada con las santas católicas Nuestra Señora de Lourdes y la Inmaculada Concepción.

Ezili Freda
https://www.wallpaperflare.com/woman-female-girl-white-dress-wood-forest-sleep-walking-wallpaper-aotmf

Como Loa del amor y la sensualidad, Ezili Freda se asocia con el rosa, el blanco y el oro. A menudo se le ofrece champán, rosas y dulces como pastel blanco, azúcar y miel. En cuanto a plantas y hierbas, se la asocia con el jazmín, el ylang-ylang y la vainilla. Ezili Freda es conocida por ser una Loa muy poderosa y respetada en el panteón vudú. A menudo se la considera una figura materna y se la venera por su capacidad para unir a las personas en el amor y la armonía. Sus relaciones con otros Loa son complejas, pero a menudo se la asocia con su homólogo, el Loa de la guerra y la lucha, Ogou, que es su protector y campeón.

Esta Loa tiene profundas conexiones con otros espíritus. Su naturaleza de diosa del amor la vincula a otros espíritus que supervisan los asuntos del corazón, como Ezili Dantor y Legba. Sin embargo, a pesar de su personalidad amable y tierna, Ezili Freda también es conocida por sus caprichos y sus comportamientos temperamentales, que pueden causar conflictos con otros Loa. Se sabe que está especialmente enfrentada a su opuesta más oscura, Ezili Dantor, que representa la otra cara del amor, incluidos los celos y la venganza. Además, su naturaleza exigente y sus altas expectativas pueden crear tensiones con otros Loa, especialmente con aquellos que no cumplen sus normas.

A pesar de estos conflictos, Ezili Freda es una de las Loa más queridas y veneradas del panteón vudú por su capacidad para traer felicidad, abundancia y armonía a las vidas de aquellos que la honran. La tradición que rodea a Ezili Freda es rica y variada. A menudo se la describe como una Loa apasionada y cariñosa que hace todo lo posible por ayudar a quienes la invocan. También es conocida por su vanidad y materialismo, lo que la convierte en una Loa con la que es difícil trabajar. Se dice que exige las mejores ofrendas y regalos y que puede ser muy particular en sus gustos.

Para honrar a Ezili Freda, los practicantes del vudú celebran fastuosas fiestas y celebraciones en su honor. Estas celebraciones están llenas de música, bailes y ofrendas de champán y dulces. En Nueva Orleans, se la honra durante el Mardi Gras y el Festival Vudú anual.

Ezili Dantor

Ezili Dantor, diosa guerrera y protectora de Haití, es una de las Loas más poderosas del panteón vudú. Se la conoce como una feroz defensora de las mujeres y los niños, y su leyenda está impregnada de valentía y tragedia. Ezili Dantor es representada como una mujer negra con cicatrices que lleva un pañuelo azul y rojo alrededor de la cabeza. Va armada con un machete y se puede ver un niño a sus pies o en su cadera, que representa su naturaleza maternal y protectora. Su veve, el símbolo utilizado para invocar su energía, suele dibujarse con un corazón y una espada.

Ezili Dantor
https://www.pxfuel.com/en/free-photo-oesnm

Se la sincretiza con varios santos católicos, sobre todo con la Virgen Negra de Częstochowa, y se asocia con los colores dorado, verde, rojo y azul. Sus ofrendas incluyen ron, comida picante y su flor favorita, el hibisco. Esta Loa es conocida por su naturaleza ardiente y apasionada, que la convierte en una fuerza a tener en cuenta y en una poderosa protectora. Es ferozmente independiente, y su independencia es una de las principales razones por las que es tan querida por las mujeres. A menudo se asocia con los revolucionarios y se considera la encarnación del espíritu de resistencia.

Ezili Dantor tiene una relación compleja con su hermana Loa, Ezili Freda. Aunque son hermanas, tienen personalidades muy diferentes y a menudo chocan entre sí. A pesar de ello, ambas están asociadas al amor y a menudo se las invoca juntas para crear una relación armoniosa. Es una Loa poderosa, por lo que es importante tomarse en serio el hecho de ofrecerle algo. Se dice que prefiere las ofrendas realizadas en secreto o en un espacio privado, y que quienes le hacen ofrendas deben ser puros de corazón y de intención. Cuando una ofrenda es de su agrado, protege y guía a la persona que la realiza.

En Nueva Orleans se honra y celebra a Ezili Dantor de diversas maneras a lo largo del año. Una de las celebraciones más populares tiene lugar el día de Nuestra Señora del Carmen, el 26 de julio. Durante esta celebración, se le hacen ofrendas y sus seguidores bailan y cantan en su honor. Esta Petro Loa también es honrada durante el Festival de los Muertos y otras ceremonias vudú.

Simbi

Simbi es una poderosa Loa del vudú de Luisiana, a menudo asociada con las serpientes y el agua. Adopta muchas formas, pero se suele representar como una serpiente con cabeza de mujer o como una mujer con cola de serpiente. Su veve, un símbolo sagrado utilizado en los rituales vudú, presenta la imagen de una serpiente con un patrón ondulado.

Simbi
https://creazilla.com/nodes/1675858-serpent-snake-woman-illustration

En el vudú haitiano, Simbi se sincretiza con San Patricio, de quien se dice que expulsó a las serpientes de Irlanda. Simbi también se asocia con el católico San Juan Bautista y a veces se le llama «Simbi San Juan».

Los colores que más se asocian con Simbi son el verde y el azul, y sus plantas correspondientes son los nenúfares, la espadaña y la sanguinaria. Se dice que domina los ríos, arroyos y otras masas de agua, y a menudo se le pide ayuda en cuestiones de fertilidad, curación y adivinación.

Se sabe que Simbi tiene interesantes conexiones con otros Loa, ya que su papel y habilidades se solapan con los de ellos. Por ejemplo, a veces se la asocia con el Loa Agwe, que también es un espíritu del agua. En algunas tradiciones, se la considera la esposa de Agwe; en otras, se cree que son dos aspectos del mismo Loa. Simbi también se asocia a veces con el Loa Damballah, un espíritu serpiente. En algunas tradiciones, se considera la esposa de Damballah; en otras, dos aspectos del mismo Loa.

Simbi también se asocia a menudo con la Loa Ayida Wedo, que es la contraparte femenina de Damballah. Ayida Wedo también es un espíritu del agua y a menudo se representa como un arco iris. A veces, Simbi y Ayida Wedo se consideran fuerzas opuestas: Simbi representa los aspectos oscuros y peligrosos del agua y Ayida Wedo los aspectos pacíficos y vivificantes. En otras tradiciones, sin embargo, se consideran fuerzas complementarias: Simbi representa el poder y la fuerza del agua y Ayida Wedo su belleza y gracia.

A veces también se asocia con Loa Ezili, un espíritu del amor y la sexualidad. En algunas tradiciones, Simbi se considera la pareja de Ezili; en otras, se les considera dos aspectos del mismo Loa. Esta asociación refleja el hecho de que en el vudú el agua se asocia a menudo con las emociones y las relaciones.

La tradición de Simbi es rica y variada, con historias que la describen como compasiva y vengativa. Se dice que es una sabia maestra y sanadora, pero también que puede ser peligrosa cuando se la enfrenta. En una leyenda, transformó a un hombre en serpiente después de que este la insultara. En otra, utilizó su poder para crear un manantial curativo para un niño enfermo.

Las ofrendas a Simbi varían según la situación, pero pueden incluir ofrendas de agua, hierbas y velas. Le gustan las ofrendas de tabaco y ron, y a menudo se la representa con un puro en la boca. El parpadeo de las velas o el movimiento del agua son señales de que Simbi recibe y acepta una ofrenda. En Nueva Orleans, Simbi suele honrarse en la víspera de San Juan, el 23 de junio. Este festival es un momento para honrar la relación entre Simbi y San Juan Bautista y está marcado por hogueras, bailes y otros rituales. A veces también se invoca a Simbi durante el Mardi Gras y otras ceremonias vudú a lo largo del año.

Gran Ibo

La Gran Ibo, o *Gran Yobo o Grannibo*, es una poderosa y enigmática Loa del panteón vudú. Considerada la «Madre de la Naturaleza», está asociada con las fuerzas de la tierra, en particular con los árboles y las montañas. Su imagen es la de una mujer anciana de poderosa presencia, a menudo ataviada con un tocado de hojas o ramas y portando un bastón de madera o metal.

La Gran Ibo es considerada la madre naturaleza
https://unsplash.com/photos/hMYAVaOWSHc

El veve o símbolo sagrado de la Gran Ibo es un diseño único e intrincado que se suele dibujar en el suelo con harina de maíz como invocación ritual a su presencia. El símbolo es un árbol central rodeado de otros elementos, como una serpiente, una tortuga y una representación del sol. La Gran Ibo está sincretizada con San Jerónimo, y su fiesta se celebra el 30 de septiembre. Sus correspondencias incluyen los colores verde y marrón, y sus plantas son el roble, el pino y el aguacate.

Como Loa de la naturaleza y de lo salvaje, se dice que la Gran Ibo mantiene estrechas relaciones con otros Loa terrenales, como Damballah, Simbi y Agwe. También es conocida por su capacidad para curar a los enfermos y heridos, sobre todo mediante el uso de hierbas medicinales y la limpieza espiritual. En la tradición vudú, la Gran Ibo es representada a menudo como una figura poderosa y sabia que ofrece guía y protección a quienes buscan su ayuda. Es conocida por ser una maestra estricta pero justa, y quienes necesitan orientación espiritual recurren a su sabiduría.

Para honrar a la Gran Ibo, puede ofrecerle velas, frutas y flores, sobre todo las que se asocian con ella, como hojas de roble y agujas de pino. La aparición de una serpiente, una tortuga o una sensación de calma y equilibrio en el entorno pueden ser señales de que la Gran Ibo acepta la ofrenda. En Nueva Orleans, la Gran Ibo se celebra como una fuerza vital de la naturaleza, y su presencia puede sentirse en la exuberante vegetación de los numerosos parques y jardines de la ciudad. A menudo se la honra con celebraciones públicas y rituales, sobre todo el día de su fiesta. Si busca su sabiduría y guía, busque en la naturaleza y deje que su espíritu le guíe en su viaje.

Capítulo 6: Loa mayores masculinos

En este capítulo, aprenderá sobre los principales Loa masculinos del vudú de Luisiana. Una vez más, tenga en cuenta que no hay manera de cubrir todos los que existen, por lo tanto, si hay algunos que le interesen y se mencionan aquí, debe hacer algunas investigaciones. Dicho esto, es hora de revisar los Loa masculinos más accesibles y populares.

Papa Legba

Papa Legba es el poderoso guardián e intermediario entre los mundos espiritual y humano. En el reino del vudú, es uno de los Loa más importantes y venerados. A menudo se le representa como un anciano, pero también como un joven cojo. Es conocido por su sonrisa, la bondad de sus ojos y la sabiduría que emana de su ser. Su imagen se asocia a menudo con los colores rojo y negro. El veve, o símbolo ritual, de Papa Legba es una encrucijada con un círculo alrededor. Se le considera el abridor de las puertas entre los mundos.

Este Loa suele sincretizarse con San Pedro en la religión católica, ya que ambos son guardianes de las puertas. Sin embargo, algunos también lo asocian con San Lázaro o San Antonio. Está estrechamente relacionado con la comunicación y el lenguaje, y se cree que puede hablar todas las lenguas humanas. Algunas de las hierbas que se le asocian son el tabaco, el café y el maíz, mientras que sus colores correspondientes son el rojo y el negro.

Como la mayoría de los Loa, éste también tiene algunos vínculos fascinantes con muchos de los demás. A menudo se le considera el intermediario entre los reinos humano y espiritual, y es el responsable de permitir el acceso a otros espíritus. Con este papel, ha desarrollado intrincadas relaciones con otros Loa. Por ejemplo, Papa Legba se asocia a menudo con Loa Loko, el patrón de los curanderos y las plantas. Juntos son considerados los guardianes de las encrucijadas y trabajan para mantener el equilibrio entre los mundos. Papa Legba también está estrechamente relacionado con Damballa, que representa el cielo y la creación. Trabajan juntos para mantener el equilibrio en el mundo natural.

También tiene relación con Ezili, en particular con Loa Ezili Freda y Ezili Dantor. Con Ezili Freda, comparten una asociación con el amor y la belleza, y a menudo son invocados juntos para traer bendiciones de fertilidad y prosperidad. Con Ezili Dantor comparten una asociación con la maternidad y la protección. A menudo se les invoca juntos para que ayuden en asuntos familiares. Además, Papa Legba está relacionado con el Barón Samedi, que es el señor de los muertos. Papa Legba representa la vida y la luz, mientras que el Barón Samedi representa la muerte y la oscuridad. A pesar de sus diferencias, ambos se consideran esenciales para mantener el equilibrio entre la vida y la muerte.

Su papel de guardián e intermediario entre los mundos lo convierte en parte integrante de la tradición vudú. A menudo se le considera el primer y el último Loa al que se invoca durante las ceremonias vudú, y toda comunicación con los demás Loa debe pasar por él.

A menudo se le representa como juguetón y travieso, pero también es sabio y poderoso. Se dice que protege a los niños y que le encanta bailar y cantar.

Las ofrendas a Papa Legba pueden incluir ron, puros, café y dulces. Algunos también ofrecen llaves, ya que se le conoce como el «portador de llaves». Los signos de que ha recibido y aceptado la ofrenda pueden ser la sensación de su presencia, como oír su voz o sentir una brisa repentina. En Nueva Orleans, Papa Legba se celebra el día de San Antonio, el 13 de junio. A menudo se le honra con ofrendas rituales, danzas y ceremonias, ya que se le considera una parte importante de la tradición vudú local.

Barón Samedi

El Barón Samedi, Loa de la muerte, es una figura compleja y fascinante de la tradición vudú. A menudo se le representa como un esqueleto con sombrero de copa negro, abrigo negro y gafas oscuras, con un puro en la boca y una botella de ron en la mano. A pesar de su asociación con la muerte, es una figura muy querida y trae alegría y risas a quienes le honran.

Su veve, un símbolo sagrado utilizado en los rituales vudú, suele mostrar la imagen de una calavera, huesos cruzados y un sombrero de copa. Sus símbolos también incluyen una pala, un gallo negro y un sonajero hecho con huesos humanos. En el catolicismo sincrético, el Barón Samedi se identifica a menudo con San Martín de Porres o San Expedito, pero su verdadera esencia se encuentra en las profundidades de la tradición vudú. El color asociado al Barón Samedi es el negro, que representa la muerte y los misterios del más allá. Entre las plantas y hierbas asociadas a él se encuentran la belladona, el tabaco y el ajenjo, a menudo utilizadas en rituales y ofrendas.

El Barón Samedi pertenece a la familia Ghede Loa, asociada a la muerte y la fertilidad. A menudo se le representa como el marido de Maman Brigitte, la Loa de la muerte y los cementerios. También es conocido por su estrecha relación con el Loa de la curación y la fertilidad, Ayizan, y el Loa de la encrucijada, Papa Legba. El Barón Samedi es conocido por su personalidad juguetona y traviesa. A menudo se le representa como un embaucador, y su humor e ingenio son famosos entre aquellos que le honran. También es conocido por sus proezas sexuales y a menudo se le considera un símbolo de fertilidad y virilidad.

Las ofrendas al Barón Samedi suelen incluir ron, puros y comida picante. Sus ofrendas suelen dejarse a la entrada de los cementerios, que son sus espacios sagrados. Las señales de que ha aceptado una ofrenda pueden incluir el sonido de una risa, el movimiento de objetos o la presencia del aroma del ron o los puros. El Barón Samedi se celebra en Nueva Orleans durante el Festival Vudú anual y otras ceremonias Vudú. También se le honra durante el Día de los Muertos, una celebración de los antepasados que tiene lugar a principios de noviembre. El Barón es una figura poderosa y enigmática en la tradición vudú. Su asociación con la muerte y el más allá le hace ser a la vez temido y venerado, pero su naturaleza juguetona y humorística le hace muy querido por quienes le honran.

Damballah

Damballah, la serpiente Loa del vudú haitiano, es una deidad poderosa y venerada que suele asociarse con la creación, la fertilidad y el mundo natural. Se le suele representar como una serpiente larga y enroscada, a menudo de color blanco o plateado y con tendencia a mudar de piel. Se sabe que Damballah es un Loa muy anciano y sabio, a menudo representado como una gran serpiente en el cielo, y se dice que posee profundos conocimientos y sabiduría sobre los misterios de la vida y el universo.

El velo de Damballah se representa a menudo como una serpiente enroscada alrededor de un poste, con símbolos como rayos de sol, medias lunas y estrellas a su alrededor. Sus colores asociados son el blanco, el plateado y el azul pálido, y se le relaciona con plantas como la albahaca, el tomillo y la salvia. El pariente más cercano de Damballah es su esposa, Ayida Wedo, y a menudo se los representa juntos en su danza cósmica, que representa el ciclo de la creación y el renacimiento. Otros Loa con los que se le asocia son Ogoun, el Loa guerrero, y Legba, el guardián de la puerta. En la tradición vudú haitiana, Damballah es conocido por su calma y serenidad, y se dice que su voz es como una suave brisa que lleva consigo los secretos del universo. También se le conoce por su gran poder, fuerza y capacidad curativa, y a veces se le invoca en momentos de enfermedad o angustia.

Las ofrendas a Damballah suelen consistir en agua pura y limpia y ron blanco u otros licores blancos. También se le asocia con los huevos, que simbolizan la fertilidad y los nuevos comienzos. Los signos de que ha recibido y aceptado ofrendas incluyen un sentimiento de paz y calma y la sensación de estar en presencia de una gran sabiduría y poder. Los vuduistas celebran a Damballah durante el festival anual Vudú, así como durante el Mardi Gras y otros acontecimientos culturales. Sus seguidores suelen bailar y cantar en su honor, ofreciendo plegarias y regalos a este poderoso y antiguo Loa.

Agwe

Agwe, el Loa del mar, es una figura poderosa y enigmática del panteón del vudú de Luisiana. Conocido por su feroz lealtad y su potente magia, es venerado por marineros, pescadores y todos aquellos que se ganan la vida en el mar. Se dice que Agwe aparece como un hombre de piel oscura y presencia imponente, a menudo vestido con atuendos navales o marítimos. Se le asocia con el color azul y entre sus símbolos figuran anclas, conchas y peces. Su velo es un diseño complejo e intrincado con olas, caballitos de mar y una representación de su barco sagrado.

En algunas tradiciones, Agwe se sincretiza con el santo católico San Ulrico de Augsburgo, a quien se atribuyen poderes milagrosos sobre el agua. Sin embargo, muchos practicantes del vudú de Luisiana consideran a Agwe una deidad por derecho propio, que no debe confundirse con ninguna otra figura. Las correspondencias de Agwe incluyen objetos relacionados con el mar, como las algas, el coral, la sal marina y los colores azul y blanco. También se le asocia con las hierbas vetiver y angélica.

Agwe está relacionado con su esposa, la diosa del amor y la belleza, Ezili Freda, el Barón Samedi y los Loa de la muerte y el renacimiento. Su condición de maestro del mar le enfrenta a menudo con los Loa de la tierra, como Papa Legba y Damballah. Las tradiciones relacionadas con Agwe lo describen como una figura poderosa y ferozmente protectora, dispuesta a hacer todo lo posible para defender a sus devotos. Le gustan especialmente los niños, y en sus altares suelen dejarse ofrendas de juguetes y dulces como muestra de devoción.

Entre las ofrendas preferidas por Agwe se encuentran el pescado, el marisco y el ron, a menudo depositados en su recipiente sagrado, que se guarda en su altar. Las señales de que ha recibido y aceptado una ofrenda pueden incluir movimiento o actividad desde el recipiente sagrado y sueños o visiones del mar. Los devotos de Agwe le rinden homenaje de diversas formas, entre ellas una procesión anual en barco por el río Misisipi, conocida como la Bendición de la Flota. Este acontecimiento suele incluir ofrendas a Agwe y a otros Loa, así como música tradicional, bailes y banquetes. Los devotos también pueden honrar a Agwe en altares caseros o en reuniones comunitarias, sobre todo las relacionadas con el mar o el agua.

Loko

Loko, el Loa de la vegetación, es un poderoso espíritu que desempeña un papel importante en el vudú de Luisiana. A menudo se le representa como un hombre alto y delgado, vestido con un traje de hojas verdes y sosteniendo una azada o un machete. El aspecto de Loko refleja su conexión con la naturaleza y su papel como agricultor que cultiva la tierra y proporciona alimentos a la gente. El veve de Loko, o símbolo sagrado, es una serie de líneas y círculos interconectados, a menudo representados en verde y marrón. Se utiliza en las ceremonias para invocar la presencia y las bendiciones de Loko.

En el vudú de Luisiana, Loko suele sincretizarse con San Isidro, patrón de los agricultores. Esta asociación subraya el aspecto agrícola del carácter de Loko y su importancia para mantener al pueblo. Las correspondencias de Loko incluyen los colores verde y marrón, así como plantas como el maíz, las judías y la calabaza, que tradicionalmente se cultivan juntas en la agricultura de los nativos americanos. Estas plantas representan el papel de Loko como cultivador y proveedor de sustento. Mantiene una estrecha relación con otros Loa de la agricultura y la fertilidad, como Ayizan, el Loa del mercado, y Azaka, el Loa de la cosecha. Juntos, garantizan que la tierra sea fértil y que la gente se alimente.

Hay que tener cuidado con el temperamento rápido de este Loa y su tendencia a actuar impulsivamente. En algunas historias, se le describe como testarudo y difícil de tratar, pero también como un feroz protector de aquellos que le honran. Su personalidad refleja la imprevisibilidad de la naturaleza y los retos a los que se enfrentan quienes dependen de la tierra para sobrevivir.

Para honrar a Loko, a menudo se dejan ofrendas de productos frescos, especialmente maíz, en los cruces de caminos o en otros espacios al aire libre. Las señales de que Loko ha recibido y aceptado una ofrenda pueden incluir el susurro de las hojas, la repentina aparición de una brisa o el sonido de una azada golpeando el suelo. Loko suele celebrarse en Nueva Orleans durante el Festival Vudú anual y en ceremonias más pequeñas y privadas a lo largo del año. Durante estas ceremonias, los participantes cantan y bailan en honor de Loko, invocando su poder para traer abundancia y fertilidad a la tierra.

Azaka

Azaka, también conocido como Azaka Medeh, es un Loa asociado con la agricultura y la tierra. Se cree que es un espíritu poderoso que puede bendecir las cosechas, traer la lluvia y ayudar a las personas que dependen de la tierra para su sustento. Es un hombre alto y musculoso, con un físico musculoso y la fuerza de un buey. A menudo se le representa con un sombrero de paja y un machete en la mano, símbolos ambos de su relación con la agricultura. El veve de Azaka es un símbolo complejo que incluye la imagen de un arado y otras herramientas agrícolas. Suele dibujarse en blanco sobre un fondo verde, que simboliza la fertilidad y el crecimiento.

Este poderoso Loa está sincretizado con San Isidro, patrón de los agricultores. Este sincretismo refleja la importancia de la agricultura en la sociedad haitiana y cómo las creencias tradicionales se han incorporado a la práctica del catolicismo en Haití. Los colores asociados a Azaka son el verde, el marrón y el amarillo, y sus ofrendas favoritas son el maíz, las judías y otros productos agrícolas. Sus hierbas son la albahaca, la verbena y la artemisa, a las que se atribuyen propiedades espirituales y medicinales.

Azaka está estrechamente asociado con su hermano Guede, que es el Loa de la muerte y del inframundo. Juntos forman un poderoso dúo al que se atribuye la capacidad de traer fertilidad y abundancia a la tierra. En el vudú haitiano, se cree que Azaka tiene una personalidad jovial y generosa. A menudo se le considera un espíritu bondadoso y benévolo dispuesto a ayudar a los necesitados. Es especialmente venerado por los campesinos y los que dependen de la tierra para vivir.

Para honrar a Azaka, la gente suele crear altares y ofrecerle regalos de comida, bebida y tabaco. También se celebran rituales y danzas en su honor, sobre todo durante las temporadas de siembra y cosecha. En Nueva Orleans, Azaka se celebra durante el Festival Vudú anual, que tiene lugar en el histórico Barrio Francés de la ciudad. Durante el festival, los participantes rinden tributo al Loa a través de la música, la danza y otras formas de expresión artística.

Ogou

Ogou, el poderoso guerrero Loa del vudú, es conocido por su fuerza, su valor y su carácter inquebrantable. Feroz protector y defensor del pueblo, a menudo se le invoca por sus habilidades en la batalla y como mediador en las disputas. En la tradición vudú, Ogou suele ser representado como un hombre apuesto, fuerte y viril, vestido de militar, con armas en las manos y un semblante feroz. Su imagen se asocia a menudo con el rojo, símbolo de su pasión, poder y energía.

El veve de Ogou es un símbolo complejo, que representa su condición de guerrero y su asociación con el fuego, el rayo y el trueno. A menudo se dibuja en forma de tridente, simbolizando los tres aspectos de Ogou: el guerrero ardiente, el mediador de cabeza fría y el espíritu profundo y sabio. Algunas tradiciones sincréticas asocian a Ogou con Santiago el Mayor, cuya festividad se celebra el 25 de julio. Como santo guerrero, Santiago comparte muchas características con Ogou, y muchas de las historias asociadas a Santiago se han adaptado a la mitología de Ogou.

En términos de correspondencia, Ogou se asocia a menudo con el color rojo y el hierro, el acero y otros metales. Entre sus ofrendas favoritas se encuentran el ron, los puros, los alimentos picantes, las espadas, los cuchillos y otras armas. También se le asocia con la albahaca, hierba a la que se atribuyen propiedades protectoras y que suele utilizarse en ofrendas y rituales en honor a Ogou. Se sabe que Ogou mantiene complejas relaciones con otros Loa. A menudo se le asocia con el espíritu fogoso y apasionado de Changó, y a veces se le considera rival de Legba, el Loa más seductor y sensual. También está estrechamente relacionado con la Tierra y sus fuerzas elementales. A veces se le asocia con el Loa de la encrucijada, Papa Legba.

En cuanto a la tradición, Ogou es conocido por su valentía, su fuerza y su agudo sentido de la justicia. A menudo se le pide que proteja a los vulnerables y defienda a los débiles, y a veces se le asocia con la imagen del caballero de brillante armadura. Cuando los devotos quieren honrar a este Loa, hay muchos rituales y prácticas diferentes asociados a este poderoso y venerado Loa. A menudo se hacen ofrendas de ron, tabaco y alimentos picantes a Ogou, y a veces se le invoca en ceremonias con espadas y otras armas. Ogou suele celebrarse en Nueva Orleans durante el Mardi Gras, cuando muchos practicantes del vudú honran a su poderoso y protector espíritu con desfiles, música y bailes.

Ti-Jean Petro

Ti-Jean Petro es un Loa del vudú de Luisiana que encarna la juventud, la vitalidad y el ardiente espíritu de rebelión. A menudo es invocado por aquellos que quieren superar obstáculos, defenderse y cambiar sus vidas. Su aspecto suele ser el de un hombre joven de piel oscura y complexión musculosa. Puede llevar una espada, un machete u otra arma, y a menudo se le ve con un pañuelo rojo atado a la cabeza. Su veta es un complejo patrón geométrico entrelazado que representa su naturaleza ardiente y su determinación. Suele estar dibujado en rojo o negro y suele ir acompañado de símbolos de otros Loa con los que Ti-Jean Petro mantiene estrechas relaciones, como Papa Legba, Ezili Dantor y el Barón Samedi.

Como Petro Loa, Ti-Jean Petro no está sincretizado con ningún santo católico, sino que se le rinde culto por derecho propio. Las correspondencias de este Loa incluyen el rojo y el negro y hierbas y plantas como la pimienta roja, el jengibre y el tabaco. También se le asocia con los elementos del fuego y el agua, que simbolizan su doble naturaleza como espíritu ardiente de rebelión y protector de la comunidad. En cuanto a sus relaciones con otros Loa, Ti-Jean Petro suele ser visto como compañero del guerrero Loa Ogou. También está estrechamente vinculado a Ezili Dantor, la feroz y protectora figura materna a la que invocan a menudo las mujeres que buscan ayuda en cuestiones de amor y protección. Las tradiciones relacionadas con Ti-Jean Petro lo describen como un espíritu ardiente y rebelde que no teme defenderse a sí mismo ni a los demás. Se le conoce por su feroz determinación y su voluntad de luchar por la justicia y la igualdad.

Para honrar a Ti-Jean Petro se suelen ofrecer velas rojas y negras, ron y puros. Algunos practicantes también ofrecen alimentos picantes, como salsa picante, para reconocer su asociación con el elemento fuego. Los signos de que ha recibido y aceptado su ofrenda pueden incluir velas que arden de forma brillante y constante y una sensación de fuerza interior y determinación. Ti-Jean Petro suele celebrarse durante el Festival Vudú anual de Nueva Orleans, donde se le invoca en rituales y se le honra con ofrendas de ron y puros. Además, se le suele invocar durante ceremonias y ritos personales, en los que se le pide que ayude a las personas a superar obstáculos y alcanzar sus objetivos.

Capítulo 7: Cree su altar vudú

La importancia de su altar vudú

No es necesario que tenga un santuario o un altar en su casa, pero lo cierto es que tener uno aumentará y fortalecerá su conexión con los espíritus. Podrá sentirlos más en su vida, y esto es algo bueno. En la práctica del vudú, los altares se consideran el corazón y el alma del espacio espiritual de cada uno. Son el lugar donde puede conectar con lo divino, una representación física de sus creencias más íntimas y un recordatorio visual de la importancia de su práctica espiritual.

Un altar vudú
Mark Gunn, Attribution 2.0 Generic, CC BY 2.0 DEED
<https://creativecommons.org/licenses/by/2.0/> https://www.flickr.com/photos/mark-gunn/39651373500

Su altar es su espacio sagrado, y puede ser tan sencillo o tan elaborado como usted quiera. Puede ser una pequeña estantería o una gran mesa, y puede contener diversos objetos significativos para usted y su práctica espiritual. Los altares son un lugar de culto y reflexión donde puede buscar guía, consuelo o simplemente un momento de paz.

En el vudú, los altares no son sólo lugares donde exponer objetos bonitos o piezas decorativas. Son un punto focal de su práctica, donde puede ofrecer oraciones, hacer ofrendas e invitar a los espíritus a que vengan y habiten con usted. Puede adornar su altar con velas, flores, cristales y otros objetos sagrados que tengan un significado para usted.

También es importante recordar que un altar es algo vivo. Es un reflejo de su relación con los espíritus y debe cuidarse con esmero y reverencia. Puede limpiar su altar, renovar las ofrendas y ajustar la colocación de los objetos para crear un entorno armonioso y pacífico. Crear un altar no es sólo exhibir objetos bellos. Un acto espiritual de devoción profundiza su conexión con lo divino. Es un espacio donde puede sentirse libre para ser usted mismo, expresar sus esperanzas y temores, y buscar guía y apoyo. Puede encender una vela, ofrecer un poco de incienso y sentarse a contemplar en silencio, sabiendo que nunca está solo y que los espíritus siempre están con usted. Así que, al embarcarse en su viaje vudú, recuerde la importancia de crear un espacio sagrado donde pueda conectar con los espíritus. Su altar es un lugar de reverencia, una representación visual de su práctica espiritual y un recordatorio de la presencia divina que le rodea siempre.

Elegir un espacio sagrado

Crear un altar vudú es un acto sagrado que requiere intención y atención. El primer paso en este proceso es elegir el espacio perfecto para su altar. Debe buscar un lugar que le haga sentir en paz, donde pueda pasar tiempo reflexionando y conectando con el mundo espiritual. A la hora de elegir un lugar para su altar, debe tener en cuenta la energía del espacio. ¿Es tranquilo y relajante, o caótico y desordenado? Lo ideal es crear un altar en un espacio sagrado y armonioso.

Otra consideración importante es la privacidad. Debe elegir un espacio en el que pueda instalar su altar y realizar sus rituales sin ser molestado. Este espacio debe estar dedicado exclusivamente a su práctica espiritual, para que pueda concentrar su energía y sus intenciones sin distracciones. Recuerde, el espacio que elija será el hogar de su altar vudú, un lugar donde conectará con lo divino y se comunicará con los espíritus. Elegir un lugar que sienta seguro y acogedor es importante. Por lo tanto, tómese su tiempo, y elija el espacio que le hable. Puede ser un rincón tranquilo de su dormitorio, un rincón acogedor de su salón o un lugar tranquilo en su jardín. Elija el lugar que elija, asegúrese de que le gusta y de que es un espacio que podrá dedicar a su práctica espiritual durante años.

Materiales necesarios

Puede que se pregunte por qué debe crear un altar para su práctica vudú. La respuesta es sencilla: depende de sus preferencias personales y del Loa con el que desee trabajar. Sin embargo, puede seguir algunas pautas generales para asegurarse de que tiene lo que necesita.

En primer lugar, es importante saber dónde conseguir los materiales para su altar. Puede encontrar muchos artículos en su tienda espiritual o metafísica local o incluso en Internet. También puede encontrar artículos en la naturaleza, como ramas, piedras y hierbas. Pero independientemente de dónde los consiga, es importante asegurarse de que son de buena calidad y de que encajan con usted y con su práctica. Tenga en cuenta que los elementos que se requieren para un altar vudú varían, y los elementos utilizados pueden depender de la tradición específica o el Loa que se honra. Sin embargo, algunos elementos comunes se encuentran típicamente en un altar vudú.

La pieza central de un altar vudú suele ser una vela grande, que representa la luz del Loa. La vela debe colocarse en el centro del altar y debe ser el elemento más alto del altar. El color de la vela puede variar en función del Loa al que se honre.

El altar puede cubrirse con un paño de color, rojo o blanco, para honrar al Petro Loa o al Rada Loa, respectivamente.

Puede tener objetos decorativos como estatuas, flores, raíces, amuletos, talismanes, piedras y cualquier otra cosa con la que resuene. También querrá incienso, aceites e incluso perfumes. Otros artículos que se encuentran comúnmente en un altar vudú incluyen:

- **Agua:** Representando el elemento del agua, que se asocia con el Loa, el agua se coloca generalmente en un pequeño plato o tazón en el altar. Esta agua debe cambiarse todos los días.

- **Ofrendas:** Las ofrendas pueden incluir comida, bebida, tabaco u otros objetos que sean agradables a los Loa. Las ofrendas específicas pueden variar dependiendo del Loa al que se honre.
- **Veve:** Debe tener los símbolos religiosos que representan al Loa con el que está trabajando.
- **Bolsas de gris-gris:** Las bolsas gris-gris son pequeñas bolsas llenas de hierbas, raíces, piedras y otros objetos a los que se atribuyen propiedades mágicas. Suelen utilizarse para la protección, la suerte o para atraer el amor. Puede colocar en el altar las que más le sirvan.
- **Altar ancestral:** Un altar ancestral es un altar independiente dedicado a honrar a los espíritus de los antepasados del practicante. Suele colocarse cerca del altar vudú principal y puede incluir objetos como fotografías de los antepasados, velas y ofrendas.

Una regla general es que si algo está conectado con alguno de los Loa con los que está trabajando o tiene un significado profundo para usted y lo pone en contacto con su lado espiritual, puede ponerlo en el altar para potenciar su poder. Tenga en cuenta que puede utilizar una estantería, una mesa o incluso un armario para colocar su altar. Puede colocar imágenes de los Loa, sus velos o los santos con los que están sincretizados para atraer su energía a su altar. Coloque una vela blanca en un lado del altar y una roja en el otro. Una campana es otro elemento útil porque eleva inmediatamente la vibración del lugar cuando la hace sonar, y ayuda a deshacerse de cualquier espíritu no deseado que merodee por los alrededores.

Bendición y limpieza de los objetos

Es importante limpiar y bendecir los objetos que vaya a utilizar para montar su altar. La limpieza elimina cualquier energía negativa o impurezas que puedan estar presentes, mientras que la bendición infunde los elementos con energía positiva y el poder de los espíritus. Un método de limpieza consiste en utilizar el humo de la quema de hierbas, como la salvia o el palo santo. Para ello, encienda las hierbas y deje que el humo impregne los objetos, pronunciando una oración o conjuro mientras lo hace. Por ejemplo, puede decir: «*Grandes espíritus de la tierra y el cielo, limpien estos objetos y purifíquenlos. Que sean una ofrenda sagrada para usted*».

Otro método de limpieza consiste en utilizar agua salada. Llene un cuenco con agua y añada un puñado de sal marina. Luego, sumerja cada objeto en el agua salada y rece una oración o conjuro, como *«Que el poder del océano elimine cualquier negatividad de estos objetos y los bendiga con el poder del mar»*. Un tercer método de limpieza consiste en enterrar los objetos en la tierra. Busque un lugar al aire libre, cave un pequeño agujero y entierre los objetos durante unos días. Así, la tierra absorberá la energía negativa e infundirá energía positiva a los objetos. Cuando desentierre los objetos, rece una oración o conjuro como *«Gran Madre Tierra, bendice estos objetos con el poder de la Tierra y los espíritus de la tierra»*.

Una vez limpios los objetos, es importante bendecirlos. Una forma de hacerlo es utilizar agua bendita o un aceite de bendición. Sumerja los dedos en el agua o el aceite y haga la señal de la cruz u otro símbolo sobre cada objeto. Mientras lo hace, rece una oración o conjuro, como *«Que estos objetos sean bendecidos por los espíritus y se llenen del poder de lo divino»*.

También puede utilizar un cristal u otro objeto cargado. Sostenga el cristal en la mano y coloque los objetos sobre él, recitando una oración o conjuro, como «Que el poder de este cristal bendiga estos objetos y les infunda energía positiva y el poder de los espíritus». Supongamos que quiere bendecir los objetos de otra forma. En ese caso, podría utilizar un ritual o una ceremonia, como una ceremonia de luna llena o un círculo de oración. Reúnase con personas de ideas afines y recen oraciones o conjuros, pidiendo a los espíritus que bendigan los objetos y los llenen de energía positiva.

Quizá se pregunte: «¿Qué problema hay si no limpio y bendigo estos objetos? ¿Por qué no puedo montar mi altar y ya está?». En el vudú de Luisiana, se cree que todo tiene energía o esencia espiritual, incluidos los objetos de su altar. Supongamos que estos objetos no están debidamente limpiados y bendecidos. En ese caso, pueden llevar energía negativa o estancada, que puede interferir con la eficacia de su altar y el poder de sus rituales. Sin una limpieza adecuada, cualquier energía o intención negativa que pueda haber estado asociada al objeto, ya sea durante su fabricación o durante su uso previo, podría afectar negativamente a su altar. Además, si no bendice los objetos de su altar, puede estar desaprovechando todo su potencial, ya que se cree que los *propios objetos* tienen una esencia espiritual y pueden contribuir a la eficacia de su altar y sus rituales.

Además, no cuidar adecuadamente los objetos del altar puede considerarse una falta de respeto hacia los espíritus y la práctica del vudú. Esta falta de respeto y atención a los detalles a veces puede ser visto como una falta de respeto e incluso puede ofender a los espíritus o antepasados que están siendo honrados en el altar. Por lo tanto, usted tiene que dar la debida atención y cuidado a los elementos de su altar, ya que desempeñan un papel integral en su práctica y la relación con los espíritus. Limpiar y bendecir adecuadamente los objetos de su altar garantiza que estén listos para ser utilizados en sus rituales y que contribuyan a la eficacia general de su práctica.

Preguntas frecuentes

¿Qué es un altar?

Un altar es un espacio sagrado para conectar con los espíritus, los ancestros y los Loa.

¿Necesito un altar para practicar el vudú?

No, no necesita un altar para practicar el vudú, pero es muy recomendable, ya que proporciona un punto focal para su práctica espiritual.

¿Puedo tener varios altares?

Sí, puede tener varios altares para diferentes propósitos o para honrar a diferentes espíritus o Loa.

¿Cómo elijo un lugar para mi altar?

Elija un lugar tranquilo y privado, donde pueda concentrarse en su práctica espiritual sin distracciones.

¿Qué objetos debo tener en mi altar?

Los elementos que debe tener en su altar dependen de los Loa o espíritus con los que esté trabajando, pero algunos elementos comunes incluyen velas, agua, flores, estatuas o imágenes de los Loa o espíritus, y ofrendas como comida o bebida.

¿Puedo dedicar un altar a dos Loa?

Sí, puede dedicar un altar a varios Loa si tienen una fuerte conexión o si funcionan bien juntos.

¿Debe utilizar mi altar alguien que no sea yo?

No, su altar es un espacio personal y sagrado y sólo debe ser utilizado por usted y las personas de su confianza.

¿Puedo decorar mi altar con objetos no tradicionales?

Sí, puede decorar su altar con objetos que tengan un significado personal para usted, siempre que no contradigan las creencias y prácticas espirituales del vudú.

¿Cómo debo mantener mi altar?

Debe limpiar y ordenar su altar con regularidad, cambiar el agua y las ofrendas, y sustituir los objetos que se hayan desgastado o dañado.

¿Puedo trasladar mi altar a otro lugar?

Sí, puede trasladar el altar a otro lugar si es necesario, pero debe limpiar y bendecir los objetos y el espacio de nuevo después del traslado.

¿Puedo tener un altar al aire libre?

Sí, puede tener un altar al aire libre, pero debe protegerlo de los elementos y tener en cuenta las leyes y normativas locales.

¿Puedo tener un altar en un espacio compartido?

Sí, puede tener un altar en un espacio compartido, pero debe respetar las creencias y prácticas de quienes le rodean y mantener el altar limpio y ordenado.

¿Puedo utilizar un altar provisional?

Sí, puede utilizar un altar temporal si lo necesita, por ejemplo cuando viaja o si no dispone de un espacio permanente.

¿Puedo tener un altar virtual?

Sí, puede tener un altar virtual, como una imagen digital o un sitio web, pero debe tratarlo con respeto y mantenerlo como si fuera un altar físico.

¿Con qué frecuencia debo limpiar y bendecir los objetos de mi altar?

Debe limpiar y bendecir los objetos de su altar con regularidad, por ejemplo, una vez a la semana o antes y después de rituales u ofrendas importantes.

¿Para qué sirve limpiar y bendecir los objetos del altar?

La limpieza y la bendición de los objetos del altar eliminan las energías negativas o no deseadas y los imbuyen de energías positivas y protectoras para mejorar su práctica espiritual.

¿Cómo limpio los objetos de mi altar?

Puede limpiar los objetos de su altar utilizando métodos como la limpieza con humo de salvia o palo santo, baños de agua salada o colocándolos a la luz directa del sol o de la luna.

¿Cómo bendigo los objetos de mi altar?

Puede bendecir sus objetos de altar con oraciones o conjuros, ungiéndolos con aceites o agua bendita, o exponiéndolos a energías o símbolos sagrados.

¿Puedo utilizar en mi altar objetos comprados en la tienda?

Sí, puede utilizar objetos comprados en la tienda. Sólo asegúrese de limpiarlos primero y bendecirlos también.

¿Puedo guardar mi altar en un armario u otro espacio cerrado?

Por lo general, se recomienda guardar el altar en un espacio abierto y de fácil acceso para que los espíritus puedan interactuar con él. Sin embargo, si por razones prácticas necesita guardarlo en un armario u otro espacio cerrado, puede seguir trabajando con él. Eso sí, tenga cuidado cuando trabaje con velas encendidas.

¿Puedo utilizar hierbas y otros materiales naturales para mi altar?

Sí, el uso de hierbas y otros materiales naturales es una práctica común en el vudú. Solo asegúrese de limpiarlos y bendecirlos apropiadamente antes de usarlos en su altar.

¿Puedo usar huesos de animales u otras partes de animales en mi altar?

El uso de huesos de animales u otras partes de animales es una práctica común en algunas formas de vudú, pero es importante asegurarse de que los animales son de origen ético y que usted tiene el conocimiento adecuado y el respeto para trabajar con ellos.

¿Puedo utilizar objetos de otras prácticas espirituales en mi altar?

Aunque algunos objetos de otras prácticas espirituales pueden ser apropiados para su altar, es importante que se asegure de que son compatibles con el vudú y que los limpie y bendiga adecuadamente.

¿Puedo crear un altar para un propósito o intención específica, como la curación o la prosperidad?

Sí, crear un altar para un propósito o intención específica es una práctica común en el vudú. Sólo asegúrese de elegir elementos que sean apropiados para su intención y de limpiarlos y bendecirlos adecuadamente.

¿Puedo utilizar mi altar para la adivinación u otras prácticas espirituales?

Sí, su altar puede utilizarse para la adivinación, la oración y otras prácticas espirituales. Sólo asegúrese de limpiar y bendecir adecuadamente los objetos antes de utilizarlos para cada propósito.

¿Puedo utilizar un altar para los panteones Rada y Petro Loa al mismo tiempo?

Por favor, no lo haga, ya que los panteones son completamente diferentes y no funcionan juntos de esta manera. Debe tener altares diferentes, o por lo menos, debe haber una demarcación muy clara en su altar para mostrar que un lado es para el Petro y el otro para el Rada.

Capítulo 8: Usted y la sabiduría de sus antepasados

La importancia de los ancestros en el vudú de Luisiana no se puede remarcar lo suficiente. De hecho, la práctica se basa en la veneración y el culto a los que vinieron antes. Los antepasados se consideran un puente entre los reinos espiritual y físico, una conexión sagrada y poderosa.

En el vudú de Luisiana, los espíritus de los antepasados son honrados y respetados por su guía, protección y sabiduría. Se cree que velan por sus descendientes y ofrecen apoyo, amor y bendiciones a quienes los honran. Se cree que los antepasados pueden influir en su vida de forma profunda, positiva o negativamente.

La conexión con los ancianos y los antepasados es crucial para la práctica del vudú
africarising, Attribution-NonCommercial-ShareAlike 2.0 Generic, CC BY-NC-SA 2.0 DEED
<https://creativecommons.org/licenses/by-nc-sa/2.0/> https://www.flickr.com/photos/africa-rising/26226168738

Mediante el culto a los antepasados, el vuduista trata de cultivar una relación con quienes le han precedido, aprovechando sus conocimientos y experiencia para que le guíen en su propio camino. A su vez, los devotos ofrecen a los antepasados amor, respeto y reconocimiento, honrando su presencia en sus vidas y el impacto que siguen teniendo en ellas. La importancia de los antepasados es evidente en el tejido mismo del vudú de Luisiana. El uso de altares ancestrales, rituales y ofrendas es un aspecto clave de la tradición. Estos altares se adornan con fotografías, velas, flores y otros objetos que conectan con los antepasados. A través de estas ofrendas puede comunicarse con sus antepasados, mostrarles su amor y respeto y buscar su guía y sabiduría.

El papel de los antepasados

Los antepasados desempeñan un papel esencial en esta práctica, en la que se reconocen y veneran distintos tipos de ancestros. Estos ancestros son sanguíneos, espirituales y culturales, y cada uno desempeña un papel único en la existencia espiritual y física del individuo.

Ancestros de sangre: Los ancestros de sangre son aquellos que están biológicamente relacionados con el individuo, como abuelos, padres y hermanos. En el vudú de Luisiana, se cree que los antepasados de sangre vigilan y guían a sus descendientes. El individuo puede acceder a su sabiduría y guía reconociéndolos y venerándolos.

Antepasados espirituales: Estos antepasados no están relacionados biológicamente con el individuo, sino que están conectados a través de un linaje espiritual. Pueden ser practicantes de vudú, líderes comunitarios o figuras espirituales influyentes. En el vudú de Luisiana, se cree que los antepasados espirituales ofrecen protección, guía y bendiciones a sus descendientes espirituales.

Antepasados culturales: Los ancestros culturales son aquellos que están conectados con el individuo a través de su herencia cultural, como ser ancestros africanos, nativos americanos o europeos. Ofrecen una conexión con las raíces, la herencia y la historia del individuo, y pueden aportar información sobre las prácticas culturales que han conformado su identidad espiritual y física.

Cada tipo de antepasado desempeña un papel importante en la vida y práctica espiritual del individuo, ofreciéndole una perspectiva y una orientación únicas. Al reconocer y venerar a cada tipo de antepasado, el individuo puede desarrollar una conexión más profunda con su herencia espiritual y cultural y acceder a la sabiduría y las bendiciones de los que vinieron antes que él.

Cómo le ayudan sus antepasados

Le ofrecen orientación: Sus antepasados pueden orientarle a la hora de tomar decisiones y afrontar los retos de la vida. Tienen una gran riqueza de conocimientos y experiencia que pueden ofrecerle. Han vivido situaciones y retos similares a los suyos y han adquirido una sabiduría y una perspicacia que pueden compartir con usted.

Al conectar con sus antepasados, está accediendo a una fuente de orientación que puede ayudarle a tomar decisiones y a afrontar los retos de la vida. Sus antepasados pueden guiarle de muchas formas, como a través de los sueños, la intuición y las señales del mundo físico. También pueden comunicarse con usted a través de herramientas de adivinación como las cartas del tarot, los péndulos o los tableros de espíritus. Estos métodos pueden ofrecerle ideas, consejos y apoyo para ayudarle a tomar las mejores decisiones para usted y para su vida.

Le protegen: Sus antepasados pueden ofrecerle protección y tienen el poder contra las energías negativas y los daños. Esta protección puede ser física, emocional o espiritual. Los antepasados pueden ayudarle a protegerle del peligro y de las influencias negativas y ofrecerle consuelo y apoyo cuando se sienta vulnerable o solo.

Cuando conecta con sus antepasados, abre un canal para que su energía protectora fluya en su vida. Invitarlos a su práctica y dedicarles un espacio en su altar crea un vínculo sagrado que les permite vigilarle y mantenerle a salvo. Los antepasados también pueden ofrecerle protección ayudándole a reconocer y evitar situaciones peligrosas. Se benefician de la experiencia y la sabiduría de sus propias vidas.

Le ayudarán a crecer espiritualmente: Conectar con sus antepasados puede ayudarle en su viaje espiritual y en su crecimiento personal. En el vudú de Luisiana, el crecimiento espiritual se valora mucho y es esencial para la práctica. Se cree que los antepasados son seres altamente espirituales que han pasado al mundo de los espíritus y pueden guiar a sus descendientes en su propio viaje espiritual. Al conectar con sus antepasados, los practicantes del vudú pueden obtener valiosos conocimientos, sabiduría y comprensión de las prácticas y enseñanzas espirituales transmitidas de generación en generación.

Se cree que los antepasados, especialmente aquellos conocidos por ser líderes espirituales o religiosos, han adquirido una gran cantidad de conocimientos y experiencias espirituales que pueden transmitir a sus descendientes. A través de la comunicación ancestral, un practicante puede recibir orientación, consejos y enseñanzas que le ayuden a desarrollarse espiritualmente y a comprender mejor su camino espiritual. Los ancestros también pueden proporcionar seguridad y consuelo, ayudando a los practicantes a encontrar su camino en los momentos difíciles. A través de la comunicación ancestral, puede conocer mejor sus puntos fuertes y débiles e identificar las áreas en las que debe centrar sus esfuerzos para seguir creciendo espiritualmente. Esto puede conducir a un conocimiento más profundo de uno mismo y ayudarle a avanzar en su viaje espiritual con mayor confianza y claridad.

Pueden ayudarle con la manifestación: Sus antepasados pueden ayudarle a manifestar sus metas y deseos. Los antepasados son seres espirituales poderosos, capaces de intervenir en la vida de sus descendientes vivos. Tienen una profunda conexión con el reino espiritual y pueden actuar como intermediarios entre el mundo físico y el espiritual. Como resultado, pueden ayudar a manifestar los objetivos y deseos de sus descendientes vivos. Cuando conecta con sus antepasados, aprovecha el poder de su linaje y recurre a la fuerza y las capacidades espirituales de sus antepasados. Sus antepasados pueden proporcionarle orientación y apoyo para alcanzar sus metas y deseos. Al trabajar en colaboración con ellos, puede invocar a sus antepasados para que le ayuden a manifestar sus intenciones.

Por ejemplo, supongamos que busca abundancia económica. En ese caso, es una buena idea conectar con aquellos antepasados conocidos por su perspicacia para los negocios o su riqueza. Puede hacer ofrendas y pedir a sus antepasados que guíen y bendigan sus esfuerzos financieros. De este modo, los antepasados pueden ayudar a manifestar sus deseos de abundancia y éxito. Sus antepasados pueden ser cocreadores de su realidad junto con usted si se lo permite. Trabajar con ellos es una forma más fácil de vivir la vida que hacerlo por su cuenta. No sólo debe buscarlos cuando necesite algo, sino que debe recurrir a ellos todo el tiempo para que la conexión entre ustedes se mantenga fuerte.

Rituales para conectar con los antepasados

Ahora es el momento de conectar con sus antepasados. Tenga en cuenta que puede modificar su altar vudú para adaptarlo a la conexión con sus antepasados simplemente colocando en él objetos para recordarlos a ellos y a sus intereses o que lleven su energía. Por ejemplo, si tiene un objeto de uno de sus padres o abuelos, puede colocarlo en el altar. Lo mismo ocurre con sus fotografías. También puede utilizarlos como punto de contacto para todos los demás antepasados que hayan fallecido antes que ellos. Dicho esto, los siguientes son rituales prácticos que puede utilizar para ponerse en contacto con ellos siempre que lo necesite.

Ritual del altar de los antepasados

1. Elija un espacio para su altar de los antepasados, como un rincón de su habitación o una estantería especial.
2. Reúna los materiales para su altar, incluyendo un paño blanco, velas, incienso, fotos de sus antepasados y cualquier ofrenda que desee hacer.
3. Limpie y bendiga los objetos del altar antes de colocarlos sobre él, empezando por el paño blanco sobre la superficie del altar y colocando después todo lo demás de forma ordenada. Deje espacio en el centro del altar para cualquier objeto con el que quiera interactuar, de modo que pueda colocarlo allí y apartarlo cuando termine.
4. Encienda las velas y el incienso e invite a sus antepasados a unirse a usted rezando una oración o un conjuro. La oración no tiene por qué ser compleja. Puede decir simplemente: *«Mis antepasados, los que estaban aquí antes de que yo respirara por primera vez, los invito aquí y ahora. Gracias por honrarme con su presencia. Gracias por su embelesada atención a mis deseos y por responder a mis plegarias».*
5. Ahora, entrégueles las ofrendas que haya elegido. Puede hacerlo simplemente levantando cada una en el aire en su honor y colocándola en el centro del altar.
6. Si tiene algo que quiera compartir con ellos o preguntarles, ahora es el momento de hacerlo. Cuando haya terminado, confíe en

que le han escuchado y obtendrá una respuesta. Asegúrese también de darles las gracias.

Ritual del cementerio de los antepasados

1. Elija una tumba de un antepasado o un cementerio local.
2. Lleve ofrendas como flores, velas, comida y bebida para dejar en la tumba.
3. Encienda velas e incienso para crear una atmósfera sagrada.
4. Hable con su antepasado y ofrézcale sus dones e intenciones.
5. Escuche cualquier mensaje o guía de su antepasado.
6. Dé las gracias a su antepasado antes de abandonar el cementerio.

Supongamos que los cementerios le resultan espeluznantes, pero tiene un objeto que perteneció a un antepasado o una foto suya. En ese caso, puede realizar los pasos 2 a 6 con la imagen o el objeto. Eso también será suficiente.

Ritual de meditación de los antepasados

1. Busque un lugar tranquilo y cómodo para sentarse frente al altar de su antepasado.
2. Encienda un poco de incienso o una vela para crear una atmósfera sagrada.
3. Cierre los ojos y respire profundamente unas cuantas veces para centrarse.
4. Visualice una luz brillante que lo rodea, y luego imagine a sus antepasados de pie a su alrededor, rodeándole con su energía.
5. Tómese un momento para sentir su presencia y conectar con ellos.
6. Pida a sus antepasados que compartan con usted cualquier guía, sabiduría o mensaje que tengan para usted.
7. Escuche su respuesta a través de la intuición, visiones o incluso mensajes audibles. Tenga en cuenta que es posible que no reciba una respuesta de inmediato. Alternativamente, puede simplemente sentarse y disfrutar de la sensación de aprecio y anticipación de que la respuesta le llegará en algún momento, ya sea durante la meditación o más adelante.

8. Cuando se sienta preparado, agradezca a sus antepasados su presencia y guía, y ofrézcales agua, flores o comida.
9. Abra lentamente los ojos y vuelva al momento presente.

Por favor, recuerde que cuando se trata de la meditación de los ancestros, «su kilometraje puede variar». Cada persona tiene experiencias diferentes, y lo más probable es que necesite practicar esto más de una vez para conectar con sus antepasados. Así que no sea duro con usted mismo si siente que no ha pasado nada después de un intento. La constancia, la paciencia y la confianza son vitales.

Consejos para mantener el contacto

1. Guarde una foto de su antepasado en su altar o en un lugar especial de su casa donde pueda verla a menudo. Podría tenerla en la puerta, para tener que saludarlo antes de salir de casa cada día.
2. Encienda una vela o queme un poco de incienso en honor a su antepasado cada día o en ocasiones especiales.
3. Cree una ofrenda especial para su antepasado, como su comida o bebida favorita, y colóquela en su altar o en su tumba. Puede hacerlo semanalmente. Si se trata de comida o bebida, debe dejarla en el altar durante algún tiempo, ya sea toda la noche o sólo durante algunas horas. Luego puede deshacerse de ella arrojándola al exterior para liberar la ofrenda a sus antepasados.
4. Reserve un tiempo cada día para meditar y conectar con sus antepasados. Haga que esto no sea negociable, algo así como lavarse los dientes.
5. Escriba una carta a su antepasado y exprésele sus pensamientos y sentimientos. Puede quemarla o guardarla como recuerdo en una caja especial dedicada a ellos. Asuma que ellos se encargarán de todo lo que escriba y que vaya a parar a esa caja.
6. Pida orientación o consejo a su antepasado cuando se enfrente a decisiones difíciles.
7. Lleve un diario para documentar cualquier señal o mensaje de su antepasado.
8. Visite la tumba de su antepasado y lleve flores u otras ofrendas.
9. Cree un altar ancestral donde pueda honrar a sus antepasados y mantener viva su memoria.

10. Comparta historias y tradiciones sobre sus antepasados con su familia y amigos para mantener vivo su recuerdo para las generaciones futuras.

Ética y responsabilidades del trabajo con los antepasados

En el vudú de Luisiana, trabajar con los antepasados se considera una práctica sagrada que conlleva responsabilidades éticas y morales. Se cree que cuando se pide ayuda a los antepasados, éstos responden de la misma manera y ofrecen orientación y protección. Sin embargo, es importante recordar que este privilegio conlleva la responsabilidad de honrar y respetar a los antepasados y sus tradiciones.

Una de las consideraciones éticas más importantes a la hora de trabajar con los antepasados es ser claro sobre sus intenciones y pedir siempre su consentimiento antes de emprender cualquier ritual o práctica. Nunca debe forzar o coaccionar a sus antepasados para que hagan algo que vaya en contra de su voluntad o sus creencias. Otra responsabilidad clave es mantener un alto nivel de respeto y reverencia hacia sus antepasados. Esto puede hacerse mediante ofrendas constantes, como encender velas o incienso en su altar y realizar regularmente rituales y oraciones en su honor. También es importante recordar que sus antepasados pueden tener sus propias personalidades y preferencias, y es importante honrar y respetar esas diferencias. Por ejemplo, algunos antepasados pueden preferir determinadas ofrendas o no responder bien a ciertos rituales o prácticas.

Por último, es fundamental recordar que trabajar con los ancestros es una vía de doble sentido. Del mismo modo que busca su guía y protección, es importante ofrecerles su gratitud y aprecio. Esto puede hacerse a través de ofrendas regulares y actos de servicio, como el voluntariado o una donación benéfica en su honor.

Ahora que entiende la importancia de involucrar a sus ancestros en su vida diaria como vuduista, es el momento de echar un vistazo a algunos de los puntos importantes del vudú que han sido muy malinterpretados, para que sepa exactamente cómo hacer que trabajen para usted.

El próximo capítulo arrojará luz sobre los amuletos y más.

Capítulo 9: Muñecos vudú y amuletos

Si ha aprendido algo sobre el vudú, probablemente ya conozca el muñeco vudú, el más popular de los amuletos. Sin embargo, hay otros amuletos en el vudú de Nueva Orleans, y va a aprender sobre ellos y más en este capítulo.

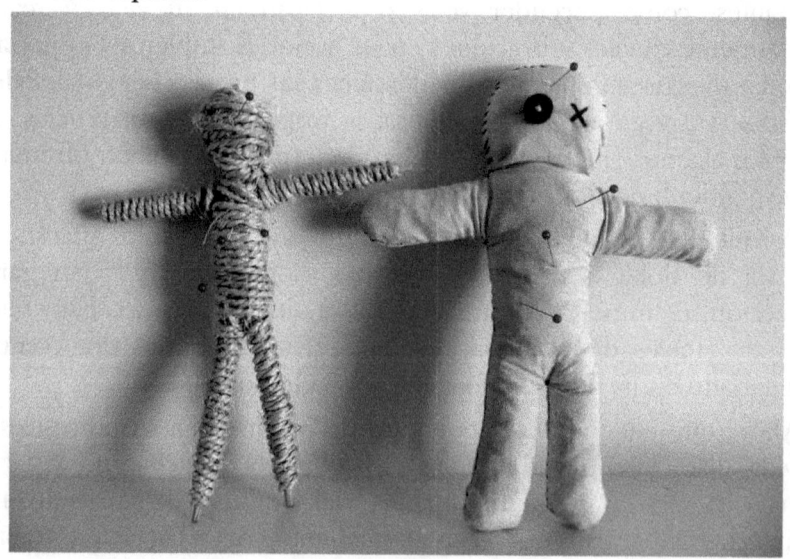

Muñecos vudú
Siaron James, Attribution 2.0 Generic, CC BY 2.0 DEED
<https://creativecommons.org/licenses/by/2.0/>
<https://www.flickr.com/photos/59489479@N08/17940796562>

El muñeco vudú

Seguro que ha oído hablar alguna vez del muñeco vudú, el diminuto muñeco de trapo que se utiliza para lanzar hechizos o causar daño a alguien. Pero la realidad de los muñecos vudú es muy distinta del estereotipo que se presenta en películas y programas de televisión. Un muñeco vudú es un muñeco hecho a mano que representa a una persona y que suele utilizarse para curar, bendecir o proteger. El muñeco está imbuido de la energía de la persona a la que representa y se cree que es una manifestación física de esa persona. No se utiliza para hacer daño o lanzar hechizos, sino para ayudar a conectar con la persona a la que representa.

Históricamente, en África Occidental, los muñecos se utilizaban en ceremonias religiosas para representar a antepasados o deidades. Cuando los africanos esclavizados llegaron a América, trajeron consigo sus tradiciones espirituales, incluido el uso de muñecos en prácticas religiosas. Con el tiempo, el uso de muñecos evolucionó y se adaptó al nuevo entorno hasta convertirse en parte integrante del vudú de Luisiana. Por desgracia, la representación de los muñecos vudú en la cultura popular ha creado una serie de conceptos erróneos. Mucha gente cree que los muñecos vudú se utilizan para hacer daño o controlar a los demás, pero eso no es cierto. El vudú de Luisiana es una religión que hace hincapié en la curación, la protección y la conexión con los antepasados y los espíritus, no en el daño o la manipulación. Así que, la próxima vez que vea un muñeco vudú en una película o en la televisión, recuerde que no es una representación exacta de las bellas y complejas prácticas espirituales del vudú de Luisiana.

Gris-Gris

Un *gris-gris* es un amuleto muy poderoso utilizado en el vudú de Luisiana. Es una pequeña bolsa llena de varios objetos, como hierbas, piedras y otras curiosidades, que se cree que tienen poder espiritual. Este amuleto se utiliza con diversos fines, como la protección, la suerte, el amor e incluso para causar daño a un enemigo. El gris-gris tiene sus raíces en tradiciones espirituales africanas que llegaron a América durante la trata de esclavos. La práctica de utilizar amuletos para protegerse de los malos espíritus o la mala suerte existe desde hace siglos, y el gris-gris es sólo uno de los muchos ejemplos.

Una idea errónea sobre el gris-gris es que siempre se utiliza con fines maléficos. Si bien es cierto que el gris-gris puede utilizarse para dañar a un enemigo, a menudo se emplea con fines más positivos, como la protección y la suerte. Otro concepto erróneo es que las bolsas de gris-gris siempre las hace un sacerdote o sacerdotisa vudú. Si bien es cierto que algunas bolsas de gris-gris son fabricadas por practicantes con una formación especial, también es posible fabricar su propio gris-gris en casa.

Así que no le tenga miedo al gris-gris. Es un amuleto fascinante y poderoso que puede utilizarse para una gran variedad de fines. Sólo asegúrese de que lo utiliza por las razones correctas y con la orientación adecuada.

Bolsas de mojo

En primer lugar, una bolsa de mojo no es un accesorio bonito para añadir a su atuendo; es una poderosa herramienta utilizada en el vudú de Luisiana y en las tradiciones hoodoo. Una bolsa de mojo es esencialmente una pequeña bolsa mágica que contiene ciertos ingredientes, como hierbas, raíces, cristales u objetos personales, que se cree que traen suerte, protección, amor o cualquier otro resultado deseado. Estas bolsas también se conocen como «manos de mojo» o «bolsas de conjuro», dependiendo de la tradición concreta.

En el pasado, los esclavos y otros grupos marginados utilizaban bolsas de mojo para protegerse y fortalecerse. Las creaban con los materiales que tenían a mano, como hierbas, raíces y objetos personales como el pelo o la ropa. Creían que llevar estas bolsas les ayudaría a superar obstáculos y les traería buena suerte. Sin embargo, a pesar de su importancia histórica, todavía existen algunos conceptos erróneos sobre las bolsas de mojo; al igual que el gris-gris, algunos asumen que las bolsas de mojo son malas noticias. La verdad es que se pueden utilizar tanto para el bien como para el mal. Todo depende de sus intenciones que, esperemos, sean buenas.

Materiales y herramientas para fabricar amuletos

Cuando se trata de hacer amuletos, ya sea un muñeco vudú, gris-gris, o una bolsa de mojo, hay una variedad de materiales que se pueden utilizar para crear algo muy poderoso y eficaz. Algunos materiales comunes incluyen:

- **Hierbas:** Diferentes hierbas pueden representar diferentes cosas, como el romero para la protección o la lavanda para la curación.
- **Aceites:** Los aceites esenciales pueden ungir el amuleto e imbuirlo de ciertas energías o propiedades.
- **Piedras:** Los cristales y otras piedras pueden potenciar la energía del muñeco y añadirle cualidades específicas, como la amatista para la protección espiritual o el citrino para la abundancia.
- **Tela:** El color de la tela que elija también puede tener un significado. Por ejemplo, la tela roja puede utilizarse para el amor o la pasión, y la verde para la prosperidad.
- **Amuletos:** Se pueden añadir pequeñas baratijas al muñeco vudú, gris-gris o bolsa de mojo para aumentar su poder. Por ejemplo, se puede añadir una llave pequeña para atraer el éxito o el dinero. También puede añadir otros amuletos juntos para darle más fuerza.
- **Otros materiales:** Otros materiales que puede considerar son plumas, conchas u otros objetos que tengan un significado personal para usted.

Además de los materiales, también necesitará algunas herramientas para crear su muñeco vudú. Algunas herramientas comunes son:

- **Aguja e hilo:** Los necesitará para coser el muñeco, la bolsa de mojo o el gris-gris.
- **Tijeras:** Serán necesarias para cortar la tela y cualquier otro material que vaya a utilizar.
- **Alfileres:** Los alfileres le ayudarán a mantener las cosas en su sitio mientras cose.
- **Relleno:** Necesitará algo para rellenar el muñeco. Algunas personas utilizan algodón u otros materiales blandos, mientras que otras prefieren hierbas u otros materiales para dotar al muñeco de propiedades sobrenaturales adicionales.
- **Mortero:** Sirve para moler las hierbas y convertirlas en un polvo fino.

- **Ungüentario:** Puede ser un pequeño pincel. También se puede utilizar un dedo para untar el amuleto con aceite.

Elegir los materiales adecuados es fundamental para crear un amuleto eficaz. Deberá tener en cuenta sus intenciones y elegir materiales que se ajusten a sus objetivos. Por ejemplo, supongamos que está haciendo un amuleto para protección. En ese caso, puede elegir materiales como la raíz de angélica y el chile, conocidos por sus propiedades protectoras. Si quiere hacer un amuleto para el amor, puede elegir materiales como pétalos de rosa o aceite de rosa, que se asocian con el amor y el romance. Recuerde que cuanto más intencionados sean sus materiales, más poderoso será su amuleto.

Cómo hacer un muñeco vudú

Materiales:
- Un trozo de tela del color que prefiera
- Aguja e hilo
- Material de relleno (algodón, lana o similar)
- Hierbas, piedras, aceites u otros artículos para utilizar como adornos o para que combinen con sus intenciones
- Tijeras
- Herramientas de limpieza y bendición (como salvia o palo santo)

Pasos a seguir

1. Comience limpiando su espacio de trabajo y sus herramientas con salvia o palo santo. Esto ayudará a limpiar cualquier energía negativa y a preparar el espacio para su intención.
2. Elija la tela que quiere utilizar para su muñeco. El color y el tipo de tela pueden variar en función de sus intenciones. El rojo suele utilizarse para el amor y la pasión, el verde para el dinero y la abundancia, y el blanco para la purificación y la curación. Recorte dos trozos idénticos de tela con la forma de su muñeco.
3. Coloque los dos trozos de tela uno encima del otro con los lados opuestos hacia fuera. Cósalos por los bordes, dejando una pequeña abertura para el relleno.
4. Dé la vuelta a la tela. Así ocultará las costuras y tendrá una superficie limpia para trabajar.

5. Rellene el muñeco con el material de relleno. Asegúrese de que quede bien apretado, pero no tanto como para que el muñeco pierda la forma.
6. Cosa la abertura que dejó para el relleno.
7. Ahora es el momento de añadir los adornos. Pueden ser hierbas, piedras o aceites, según su intención. Utilice una aguja e hilo para unir estos elementos al muñeco, teniendo en cuenta la colocación y el simbolismo de cada elemento.
8. Cuando haya terminado de añadir los adornos, sujete el muñeco entre las manos y rece una oración o bendición sobre él. Pida a sus antepasados o deidades que impregnen el muñeco con la energía de su intención.
9. Respire sobre el muñeco tres veces. Esto sirve para activar la energía del muñeco y ponerlo a trabajar en sus intenciones y oraciones.
10. Su muñeco vudú está ahora completo y puede ser utilizado en su práctica espiritual.

Recuerde mantener su intención clara y enfocada mientras crea el muñeco, y utilice materiales que coincidan con esa intención. Esto ayudará a asegurar que el muñeco sea una herramienta poderosa en su práctica espiritual. Puede consultar el capítulo sobre los distintos aceites, hierbas y raíces que puede utilizar para su muñeco.

Cómo hacer un Gris-Gris

Materiales:
- Bolsa pequeña de tela o cuero
- Hierbas, raíces y/o piedras apropiadas para sus intenciones
- Objetos personales, como recortes de pelo o uñas
- Cinta o cordel para cerrar la bolsa
- Aguja e hilo
- Tijeras

Pasos a seguir
1. Elija una bolsita de tela o cuero para su gris-gris. Debe ser lo suficientemente grande como para que quepan los ingredientes elegidos, pero lo suficientemente pequeña como para llevarla fácilmente con usted.

2. En función de sus intenciones, decida qué hierbas, raíces o piedras quiere utilizar para su gris-gris. Es posible que quiera investigar las correspondencias de las diferentes hierbas y piedras para hacer la elección más adecuada.
3. Limpie y bendiga sus materiales antes de empezar. Puede que quiera rezar una oración o recitar un canto para este fin.
4. Disponga todos sus materiales frente a usted, de modo que sean fácilmente accesibles.
5. Tome la bolsita y empiece a llenarla con los ingredientes que haya elegido. Añada las hierbas, raíces y/o piedras y cualquier objeto personal que quiera incluir. A medida que añada cada elemento, concéntrese en sus intenciones y visualícelas haciéndose realidad.
6. Una vez que haya añadido todos los materiales, ate la bolsa con una cinta o cordel. Es posible que quiera anudarla varias veces para asegurarse de que permanece cerrada.
7. Cosa la bolsa con aguja e hilo para sellar sus intenciones en el interior. Mientras lo hace, concentre su energía en sus deseos y visualícelos haciéndose realidad.
8. Cuando haya terminado de coser la bolsa, limpie y bendiga el gris-gris una vez más. Es posible que quiera recitar una oración o un canto para este fin.
9. Respire tres veces sobre la bolsa gris-gris para activar su poder.
10. Lleve el gris-gris siempre con usted o colóquelo en un lugar donde lo vea con frecuencia. Puede recargarlo periódicamente sosteniéndolo y concentrando su energía en sus intenciones.

Recuerde que se trata de instrucciones básicas. Es posible que quiera modificarlas en función de sus preferencias y prácticas. También es importante recordar que el gris-gris y otros amuletos deben usarse de forma ética y responsable, con la intención de beneficiarse usted mismo y los demás.

Cómo hacer una bolsa de mojo

Materiales:
- Tela
- Aguja e hilo

- Sus hierbas preferidas
- Sus aceites preferidos
- Talismanes (puede incluir gris-gris)
- Artículos personales
- Un cordón o una cuerda normal
- Papel de petición (papel con su intención escrita)

Pasos a seguir

1. En primer lugar, tome la tela y recorte un trozo rectangular. Doble esa tela recortada por la mitad.
2. A continuación, cosa la tela doblada sólo por tres lados, de modo que quede un lado abierto. En ese lado abierto irá el cordón.
3. Dé la vuelta a la bolsa cosida. Alrededor del lado abierto de la bolsa, cree una costura.
4. Cosa la costura abierta, acordándose de hacer dos agujeritos para que pase el cordón. Deslice el cordón, sujetándolo a través de la bolsa mientras lo empuja hasta que salga por el otro agujero.
5. Escoja los aceites, talismanes, hierbas y demás cosas que quiera meter en la bolsa. Asegúrese de elegir objetos que coincidan con la intención que tiene.
6. Coloque su papel de petición con su intención dentro de la bolsa.
7. Respire tres veces sobre todo lo que hay en la bolsa. Esto sirve para activar el poder de la bolsa y ponerla a trabajar en su intención de inmediato.
8. Tire del cordón hasta que la bolsa quede bien cerrada. A continuación, anude el cordón tres veces.
9. Lleve la bolsa a su altar y rece a los Loa y a sus antepasados para que hagan realidad su deseo. Puede ungirla con aceite si lo desea.
10. Cuando haya terminado, colóquela en algún lugar fuera de la vista de otras personas. Si lo desea, puede dormir con ella bajo la almohada cada noche.

Tenga en cuenta que puede utilizar estos amuletos para cualquier cosa que desee, ya sea para las finanzas, la salud, el bienestar emocional, la protección, la provisión, el aumento del poder espiritual, deshacerse de la mala suerte, aumentar la buena suerte, etc.

Cómo deshacerse de su amuleto

Cuando su amuleto haya alcanzado la intención que había fijado, puede que quiera deshacerse de él. He aquí cómo hacerlo:

- En primer lugar, agradezca al amuleto todo lo que ha hecho por usted. Dé las gracias también a sus antepasados y a los Loa.
- Dígale al amuleto que ya es hora de que libere el poder que tiene y deje de funcionar. Encienda una vela o incienso y quémelo junto al amuleto para expresar gratitud y liberar su poder.
- Cuando haya terminado, retire todos los efectos personales que tenga en el amuleto, ya sean uñas, cabellos, fotos, etcétera. Puede conservarlos si lo desea o deshacerse de ellos en algún lugar alejado del amuleto.
- Por último, es hora de deshacerse del amuleto. Si se trata de un amuleto negativo o destinado a librarse de malas situaciones, debe quemarlo o tirarlo a un río o arroyo. Si era un amuleto para atraer cosas buenas o para buenas intenciones, puede enterrarlo en algún lugar cerca de un árbol para que desprenda allí su buena energía, o puede quemarlo si lo desea.

Hablemos de ética

La ética es básicamente la moral por la que se rige todo el mundo. Es lo que la gente usa para determinar las decisiones correctas que debe tomar. Los códigos éticos difieren de una práctica religiosa a otra. Pero, en general, los temas comunes son la responsabilidad, el respeto, la justicia, la honradez, la compasión y la equidad. He aquí algunas directrices generales sobre la ética en el trabajo con amuletos.

1. **Utilice estos amuletos sólo con buenas intenciones.** Tiene que parar y preguntarse si sus razones están justificadas antes de hacer y usar los amuletos. Está bien usarlos para el éxito, la paz, la protección, el amor y cosas de esa naturaleza, pero no está bien usarlos para maldecir o herir a alguien, especialmente si no tiene una razón válida para hacerlo.
2. **Por favor, haga todo lo posible por honrar el significado profundo de cada ingrediente que decida poner en el amuleto.**

Una vez más, revise el capítulo que informa sobre el significado de las hierbas, las raíces y los colores. También puede investigar un poco más para aprender más sobre lo que está bien usar y cómo adquirir éticamente los materiales.

3. **Siempre debe respirar sobre su amuleto.** Esto le dará vida y hará que empiece a trabajar para usted. Esta activación es absolutamente vital.

4. **Si se encuentra con el amuleto de otra persona, no lo toque ni intente utilizarlo.** Si tiene curiosidad, pida permiso primero antes de hacer preguntas o tocar los objetos.

5. **Siempre debe rezar a sus Loa y antepasados para hacerles saber cuáles son sus intenciones para los amuletos.** Dígales qué resultados quiere obtener. Confíe en que le ayudarán. Tenga en cuenta que debe interactuar con ellos respetuosamente, así que no intente ordenarles que hagan cosas por usted. Manténgase humilde, y mantenga una vibra de agradecimiento.

6. **Puede y debe considerar recargar sus hechizos.** Puede hacerlo rezando sobre ellos o ungiéndolos con aceite. Puede hacerlo con regularidad. También es una buena idea hablar a su amuleto como si fuera una persona real, porque tiene su propia conciencia. Si la idea de hablarle a su amuleto le resulta extraña, debería hacer una pausa y recordar que todas las cosas han sido creadas por Bondye, y todas están llenas de su luz y su vida. Hablar con su amuleto no tiene nada de extraño. Al fin y al cabo, Bondye lo creó y le habló a través de su Loa, y a él no le parece raro.

Trabajar con amuletos es una forma poderosa de practicar el vudú y convertirlo en algo muy real en su vida diaria.

Así que tómese un momento para pensar en sus mayores deseos. ¿Para qué podría hacer un amuleto? ¡Vaya por ello!

Capítulo 10: Hechizos y rituales vudú para probar

En los ritmos del vudú, hay una estructura sagrada en los rituales que se han transmitido de generación en generación. Como en una danza, los pasos no sólo se sienten, sino que se conocen con el corazón, y cada movimiento se hace con reverencia. Las cuatro fases distintas de un ritual son:

- Preparación
- Invocación
- Posesión
- Despedida

En primer lugar, comience la preparación. Es un momento de limpieza, tanto del cuerpo como del espíritu. Puede bañarse con hierbas y aceites para purificarse, barrer el espacio para librarlo de energía negativa y encender velas e incienso para llamar a los espíritus. Es el momento de fijar intenciones y conectar con lo divino.

A continuación, comience la invocación. Aquí es donde se llama a los espíritus. Cada Loa, o espíritu, tiene su propio veve, un símbolo que se dibuja en el suelo con harina de maíz o de trigo, y se hacen ofrendas para honrarlos. El veve sirve de puerta para que los Loa entren en el reino físico y, a través de ella, puedan comunicarse con el vuduista. Los Loa no son los únicos invocados desde el reino de los espíritus. Los vuduistas también invocan a sus antepasados para que participen en los acontecimientos.

Después llega el momento de la posesión. El Loa entra en el cuerpo de la persona elegida, a menudo llamada «caballo», y a través de este recipiente puede comunicarse con el reino humano. El caballo puede bailar o hablar en lenguas ajenas, y a través de esta experiencia extática, se refuerza la conexión con lo divino.

Por último, llega la despedida. Es el momento de devolver a los espíritus a su reino para agradecer su presencia y guía. Las ofrendas hechas durante la invocación se entregan a los espíritus y se borra el velo, cerrando la puerta entre los dos mundos. De este modo, el ritual vudú es como una oración, una canción que se canta para conectar con lo divino. Es una danza sagrada, una comunicación con los espíritus que han estado presentes desde el principio de los tiempos.

Ahora que entiende la estructura básica de los hechizos y rituales del vudú, es hora de que practique algunos hechizos y agarre el truco de las cosas. Comencemos con algunos poderosos hechizos de protección. Por favor, no se asuste con los pasos de «posesión» porque se trata sólo de dejar que la energía de su intención, el Loa, los antepasados, y todos los materiales con los que está trabajando fluyan a través de usted. Si no puede sentirlo, sólo imagine que puede, y visualícelo como una hermosa luz que recorre su cuerpo.

Hechizos de protección

Hechizo de protección con escudo

Materiales:
- 1 vela blanca
- 1 vela negra
- 1 bolsita de sal marina
- 1 amuleto de San Miguel
- 1 trozo de madera de ciprés
- 1 trozo de tela negra
- 1 trozo de tela blanca

Preparación:
1. Busque un espacio tranquilo y seguro para realizar el ritual.
2. Limpie el espacio quemando salvia o palo santo.

Invocación:

1. Encienda la vela blanca para representar la pureza y la protección de sus antepasados y seres queridos.
2. Encienda la vela negra para representar las energías negativas que desea desterrar y de las que desea protegerse.
3. Espolvoree sal marina alrededor del espacio para purificarlo y protegerlo.
4. Invoque al poderoso y protector espíritu de San Miguel para que le ayude en este ritual. Puede decir: «*San Miguel, te invoco para que me protejas y me escudes de todo mal. Por favor, préstame tu fuerza y coraje para enfrentarme a cualquier obstáculo que se presente en mi camino*».
5. Invoque al espíritu del Barón Samedi, Loa de la muerte y protector del cementerio, colocando el trozo de madera de ciprés sobre el altar. Puede decir: «*Barón Samedi, invoco tu poder para que me protejas de cualquier daño espiritual que pueda sobrevenir. Te pido que bendigas este trozo de madera de ciprés y lo imbuyas con tus energías protectoras*».

Posesión:

1. Tome el trozo de madera de ciprés y envuélvalo en el paño blanco.
2. Coloque el amuleto de San Miguel encima de la madera de ciprés.
3. Envuelva la madera de ciprés y el amuleto en el paño negro.
4. Sostenga el manojo en sus manos y visualice una luz blanca que le rodea, protegiéndolo de todas las energías negativas. Sienta cómo esta energía se apodera de su cuerpo y de su mente, lo «posee» he inunda con su poder.
5. Ate el fardo con una cuerda o hilo negro y colóquelo en un lugar seguro y sagrado.

Despedida:

1. Agradezca al Barón Samedi y a San Miguel su ayuda y protección.
2. Apague las velas y deshágase de ellas de forma segura.
3. Agradezca a sus antepasados por su protección y guía.

4. Espolvoree sal marina alrededor del perímetro del espacio para cerrar y sellar el ritual.

Baño de protección bayou

Materiales:
- Agua florida
- Romero (o cualquier hierba protectora)
- Pétalos de rosa secos
- 1 cucharada de sal negra
- 1 vela blanca
- Aceite de romero (o cualquier aceite protector)

Preparación:
1. Comience limpiando su baño con agua florida o cualquier hierba protectora como salvia o romero.
2. Prepare un baño caliente y añada un puñado de pétalos de rosa secos, una cucharada de sal negra y una pizca de hierbas protectoras como laurel, albahaca o menta.
3. Encienda una vela blanca a un lado de la bañera y coloque un pequeño recipiente con agua al otro lado.

Invocación:
1. Invoque a Papa Legba, el Loa que actúa como guardián entre los mundos, para que abra las puertas y ofrezca su protección. Puede recitar un canto o una oración como: «*Papa Legba, guardián de la encrucijada, te invoco para que abras el camino y me mantengas a salvo de cualquier daño. Deja que tu luz me guíe a través de las sombras y mantenme protegido en tus manos*».
2. Invoque a sus antepasados pronunciando sus nombres y pidiéndoles que le ofrezcan su guía y protección durante este ritual.

Posesión:
1. Métase en la bañera y deje que el agua caliente le abrace. Cierre los ojos y concéntrese en su intención de ser protegido del daño, la negatividad y cualquier cosa que pueda amenazar su bienestar.

2. Vierta unas gotas de aceite protector, como romero, lavanda o incienso, en la frente, el pecho y los pies.
3. Visualice un escudo de luz blanca que le rodea, repeliendo cualquier negatividad y creando una barrera de protección.

Despedida:
1. Cuando se sienta preparado, agradezca a Papa Legba y a sus antepasados su protección y guía.
2. Vacíe la bañera y espolvoree un puñado de sal negra alrededor del desagüe para sellar la protección.
3. Apague la vela y deseche las hierbas sobrantes fuera de su casa.

Nota: Este baño puede hacerse en cualquier momento que sienta la necesidad de protección, pero es particularmente útil durante la luna menguante o en momentos de estrés, ansiedad o incertidumbre. Utilice una vela blanca para la pureza, la claridad y la protección. También puede utilizar otros colores que se correspondan con su intención, como el negro para desterrar la negatividad, el morado para la protección espiritual o el verde para la protección física. Utilice aceites con propiedades protectoras, como romero para la purificación, lavanda para la paz o incienso para la fuerza espiritual. Las hojas de laurel son conocidas por sus poderes protectores, y además añaden un agradable aroma al baño.

Para la salud
Aguas curativas de Loko

Materiales:
- 1 vela blanca
- 1 taza de agua fresca
- 1 paño blanco
- 1 bolsita con tabaco, menta y consuelda (puede usar sólo una de estas hierbas)
- Aceite de menta (puede utilizar eucalipto o lavanda en su lugar)

Preparación:
1. Reúna el material necesario.
2. Limpie su espacio y a usted mismo con una nube de salvia o palo santo.

3. Aderece la vela con aceite.

Invocación:
1. Encienda la vela blanca y colóquela sobre un paño blanco.
2. Invoque a Loko, el Loa de la curación y la transformación, recitando su oración e invocando su veve con tiza blanca o harina en el suelo:

   «*Gran Loko, espíritu de los vientos y de los árboles, te pido humildemente tu toque sanador. Que tus suaves vientos me traigan el bálsamo calmante de tu gracia, y que tu poderosa fuerza me transforme de la enfermedad a la plenitud. Loko, te invoco para que te unas a mí en este espacio sagrado, para que me bendigas y me protejas, y para que me guíes en el camino de la curación*».
3. Esparza las hierbas y raíces de Loko alrededor de la vela y el paño blanco.

Posesión:
1. Vierta la taza de agua fresca en la bolsita de hierbas y raíces y déjela reposar unos minutos.
2. Cierre los ojos y visualice la energía de Loko fluyendo por su cuerpo, limpiándole y curándole de cualquier dolencia física o emocional.
3. Abra la bolsita y vierta el agua curativa sobre la cabeza y el cuerpo, dejando que elimine cualquier energía negativa o enfermedad. Puede recitar el nombre de Loko o una oración mientras se baña en el agua curativa.
4. Cuando se sienta totalmente inmerso en la energía curativa de Loko, apague la vela.

Despedida:
1. Agradezca a Loko sus bendiciones y su poder curativo, y despídase de él con gratitud y respeto.
2. Deshágase de las hierbas y raíces en un entorno natural, como un jardín o un bosque.

Guarde el paño blanco como recordatorio del ritual de curación y lleve con usted el saquito de hierbas y raíces para que le sigan protegiendo y curando.

Hechizo de la vela curativa de Loko

Materiales
- 1 vela blanca
- Bolígrafo y papel
- Una gota de aceite de laurel
- Una pizca de raíz de jengibre
- Una pizca de hisopo
- Una pizca de romero

Preparación:
1. Empiece por preparar su espacio. Despeje la zona de cualquier desorden o distracción, y asegúrese de que tiene todos los materiales que necesita.
2. Encienda la vela blanca y respire profundamente para centrarse.

Invocación:
1. A continuación, invoque a Loko recitando la siguiente invocación:
2. «Gran Loko, espíritu de curación, escucha mi llamada. Te pido que me bendigas con tu energía curativa y devuelvas la salud a mi cuerpo, mente y alma. Te invoco, Loko, para que me ayudes en este momento de necesidad».

Posesión:
1. Tome el trozo de papel y escriba cualquier problema de salud o preocupación que tenga actualmente. Coloque el papel delante de la vela.
2. Tome una gota de aceite de laurel y unja la vela, empezando por la parte superior y bajando hasta la base. Mientras unge la vela, concéntrese en la intención de sanación e imagine que la energía sanadora de Loko llena el espacio.
3. Tome una pizca de raíz de jengibre, hisopo y romero y espolvoréelos alrededor de la vela.
4. Encienda la vela y centre su atención en la llama. Visualice la energía curativa de Loko atravesando la llama y entrando en su cuerpo, llenándole de vitalidad y fuerza.
5. Repita el siguiente canto tres veces:

> *«Loko, gran sanador, invoco tu poder.*
> *Trae tu energía, en esta hora de curación.*
> *Devuélveme la salud y hazme fuerte.*
> *Gran Loko, cúrame, y corrige lo que está mal».*

Despedida:
1. Una vez que la vela se haya consumido por completo, deshágase de los restos y agradezca a Loko su energía curativa.
2. Cierre el ritual con la siguiente afirmación
   > *«Al apagar esta vela, mi ritual ha terminado.*
   > *Pero la energía curativa de Loko permanecerá.*
   > *Gracias, Loko, por tu presencia y ayuda.*
   > *Ahora estoy curado, en tu poder y en tu nombre».*

Este ritual utiliza la vela blanca, que representa la pureza y la claridad, y las hierbas de raíz de jengibre, hisopo y romero, conocidas por sus propiedades curativas. También se utiliza aceite de laurel para ungir la vela, conocido por sus cualidades protectoras y curativas.

Para las finanzas

Hechizo de Bendiciones Abundantes

Materiales:
- 1 vela verde
- Manzanilla y hojas de laurel
- Raíz de jengibre
- Aceite de albahaca
- Una bolsita o saquito verde
- Un papelito y un bolígrafo

Preparación:
1. Limpie el espacio donde tendrá lugar el ritual.
2. Prepare un altar con la vela verde en el centro y las hojas de manzanilla y laurel, la raíz de jengibre, el aceite de albahaca y una bolsita o saquito sobre el altar.
3. Encienda la vela verde.

Invocación:
1. Invoque a Papa Legba, el Loa que abre las puertas a las oportunidades, con el siguiente canto:

    «Papa Legba, guardián de las encrucijadas,

    Escucha mi llamada y abre el camino.

    Bendíceme con abundancia y prosperidad,

    Y guíame hacia el éxito cada día».

2. Tómese unos momentos para meditar sobre su intención de invocar la abundancia y la prosperidad y visualizar el flujo de riqueza y recursos en su vida.

Posesión:
1. En el pequeño trozo de papel, escriba su intención y deseos de prosperidad y abundancia.
2. Unja el papel con aceite de albahaca y colóquelo en la bolsita o saquito verde.
3. Añada las hojas de manzanilla y laurel, y la raíz de jengibre a la bolsita o saquito.
4. Sostenga la bolsita o saquito en sus manos, y concentre su energía e intención de llamar a la abundancia y la prosperidad.
5. Cante lo siguiente

    «La abundancia y la prosperidad fluyen hacia mí,

    La riqueza y el éxito llegan fácilmente.

    Como yo quiera, así será».

Despedida:
1. Agradezca a Papa Legba su ayuda y guía.
2. Apague la vela verde.

Guarde la bolsita verde en su persona o en un espacio seguro y sagrado para seguir manifestando abundancia y prosperidad en su vida.

Baño de la abundancia de Ezili

Materiales:
- 8 velas verdes
- Aceite de pachulí
- Canela en polvo

- Hojas de laurel
- Dinero, preferiblemente en forma de monedas

Preparación:
1. Limpie la zona del baño barriendo el suelo y lavando las superficies con agua y jabón suave.
2. Coloque las velas verdes alrededor de la bañera, en círculo.
3. Encienda las velas y apague las luces artificiales.

Invocación:
1. Invoque a sus antepasados para que le guíen y protejan durante el ritual.
2. Invoque a Loa Ezili Freda, conocida por su capacidad para traer riqueza y prosperidad, para que se una al ritual y ofrezca sus bendiciones.

Posesión:
1. Vierta agua tibia en la bañera y añada unas gotas de aceite de pachulí al agua.
2. Espolvoree canela en polvo y hojas de laurel machacadas en el agua para atraer la abundancia y la prosperidad.
3. Visualícese rodeado de riqueza y abundancia. Visualícelo en su mente como una energía verde que le posee y le llena.
4. Métase en la bañera y sumérjase en el agua durante al menos 20 minutos, concentrándose en sus intenciones de abundancia y prosperidad financiera.
5. Mientras se remoja, tome las monedas y láncelas al agua, visualizando que se multiplican y aumentan de valor.

Despedida:
1. Cuando haya terminado, levántese y deje que el agua abandone la bañera, visualizando que cualquier bloqueo o energía negativa se va con el agua.
2. Apague las velas y agradezca a Ezili Freda y a sus antepasados su guía y bendiciones.

Nota: Las velas verdes y las hojas de laurel representan la riqueza y el dinero, mientras que se cree que el aceite de pachulí atrae la abundancia. La canela se utiliza por sus propiedades energéticas. Al invocar a Ezili Freda, se busca la ayuda de Loa para manifestar riqueza y prosperidad. Por último, el acto de arrojar monedas al agua es un gesto simbólico para atraer el dinero y la prosperidad.

Para el amor

Bain d'Amour (Baño de Amor)

Materiales:
- 2 velas rosas
- Un puñado de pétalos de rosa
- 1 taza de miel
- ½ taza de aceite de oliva
- ½ taza de aceite de lavanda
- ½ taza de canela en polvo
- 1 manzana roja
- 1 trozo de papel y un bolígrafo

Preparación:
1. Límpiese y limpie el baño antes de comenzar el ritual.
2. Encienda las velas rosas y colóquelas en un lugar seguro del cuarto de baño.
3. Corte la manzana roja en trozos pequeños y resérvela.
4. Escriba su nombre y el de su pareja deseada en el trozo de papel.

Invocación:
1. Siéntese frente a las velas y respire profundamente tres veces para centrarse.
2. Invoque a Loa Ezili Freda para que bendiga su baño ritual para el amor.
3. Sostenga el trozo de papel con los nombres en la mano y diga sus intenciones para el ritual.
4. Espolvoree pétalos de rosa alrededor de las velas y en el suelo del baño, creando un camino hacia la bañera.
5. Añada la canela en polvo al agua de la bañera.

Posesión:
1. Vierta la miel, el aceite de oliva y el aceite de lavanda en el agua de la bañera mientras remueve en el sentido de las agujas del reloj.
2. Coloque los trozos de manzana en el agua del baño.
3. Entre en la bañera y sumérjase por completo en el agua.
4. Visualícese en una relación amorosa y comprometida con la pareja deseada. Exprese sus intenciones en voz alta o en su mente.
5. Permanezca en la bañera al menos 15 minutos, concentrándose en sus intenciones y sintiendo la energía del ritual.
6. Cuando haya terminado, salga de la bañera y deje que el agua se vaya.

Despedida:
1. Agradezca a Ezili Freda y a sus antepasados su presencia y ayuda.
2. Apague las velas y deseche los restos del baño.
3. Lleve con usted el trozo de papel con los nombres hasta que se manifiesten sus intenciones.
4. Entregue los trozos de manzana restantes como ofrenda a la naturaleza o entiérrelos en la tierra.

Nota: Los colores de las velas que coinciden con la intención del ritual son el rosa, que representa el amor y el romance. Las hierbas y aceites que coinciden con la intención son los pétalos de rosa, el aceite de lavanda y la canela en polvo, que tienen propiedades asociadas con el amor y la atracción. Ezili Freda es la Loa asociada con el amor, la belleza, la prosperidad y la feminidad, lo que la convierte en una elección apropiada para este ritual. Como en todos los rituales vudú, es importante invocar a los antepasados para que nos guíen y protejan.

Para la suerte
Hechizo de la mano afortunada

Materiales:
- Vela verde
- Raíz de la mano afortunada
- Hierba de cinco dedos

- Aceite de canela
- Aceite de pachulí

Preparación:
1. Prepare un espacio limpio y tranquilo para el ritual.
2. Reúna todos los materiales necesarios.
3. Aderece la vela verde con una mezcla de aceites de canela y pachulí.
4. Coloque la raíz de la mano afortunada y la hierba de los cinco dedos en un cuenco o plato.

Invocación:
1. Encienda la vela verde y colóquela frente a usted.
2. Sostenga la raíz de la mano afortunada en la mano izquierda y la hierba de los cinco dedos en la mano derecha.
3. Cierre los ojos y respire profundamente, despejando la mente.
4. Invoque a Loa Ezili Danto, asociada con la buena suerte y la prosperidad, diciendo:

    «*Ezili Danto, poderosa Loa de la buena suerte, te invoco para que me bendigas con tu presencia divina. Escucha mi plegaria, concédeme tu protección y concédeme el poder de la buena fortuna*».

5. Mantenga la raíz de la mano afortunada y la hierba de los cinco dedos cerca de la llama de la vela, permitiendo que el calor libere sus aromas y energías.
6. Tome la raíz de la mano afortunada y únjala con el aceite de canela, diciendo: «*Al ungir esta raíz de la mano afortunada, invito a los espíritus de la buena suerte y la prosperidad a que me guíen*».
7. Tome la hierba de los cinco dedos y úntela con el aceite de pachulí, diciendo: «*Al ungir esta hierba de los cinco dedos, invito a los espíritus de la oportunidad y el éxito a que me guíen*».

Posesión:
1. Coloque la raíz de la mano afortunada y la hierba de los cinco dedos en una bolsita o bolsa, y sienta su energía mientras sostiene la bolsa entre sus manos. Puede llevarla con usted para tener buena suerte.

Despedida:
1. Apague la vela y agradezca a Ezili Danto su presencia y bendiciones.
2. Cierre el ritual diciendo: «*Gracias, Ezili Danto, por tu presencia divina y tus bendiciones. Te pido que me sigas guiando y protegiendo. Honro a los espíritus de la buena suerte y la prosperidad y les doy las gracias por su ayuda. Mi ritual ha concluido*».

Éstos son sólo algunos de los hechizos que puede probar ahora mismo. ¿No tiene un determinado material? Siempre puede sustituirlo por otro que sirva para lo mismo. Con estos hechizos, debería tener una idea de cómo crear sus propios rituales para cualquier otro propósito que pueda tener y que no se mencione en este libro. También es útil investigar y aprender más acerca de los hechizos del vudú de Luisiana, para que su confianza pueda crecer a medida que practica, y pueda tener resultados fenomenales. Haga sus hechizos con gran respeto por los espíritus, y sea sincero con lo que necesite que le ayuden.

Conclusión

Finalmente hemos llegado al final de este libro. Ahora, sabe todo lo que necesita para comenzar su viaje como vuduista. Como ha llegado al final de este viaje explorando el mundo del vudú de Nueva Orleans en estas páginas (y al comienzo de uno nuevo explorándolo en su vida), puede que sienta un profundo asombro y reverencia por esta profunda práctica espiritual. A través de este libro, se ha adentrado en la historia, los rituales, los hechizos y los principios religiosos del vudú de Luisiana y se habrá quedado con una profunda comprensión de la belleza y el poder de esta práctica.

Uno de los aspectos más importantes de este libro es la importancia de la sinceridad en la práctica espiritual. El vudú de Nueva Orleans no es simplemente una colección de hechizos y rituales para realizar sin intención ni comprensión. Es una tradición espiritual viva, que respira y que requiere una profunda reverencia y respeto por los espíritus, los ancestros y las deidades que son fundamentales en su práctica.

Usted ha visto cómo el vudú de Nueva Orleans surgió del rico tapiz cultural de Luisiana, combinando elementos de la espiritualidad africana, el catolicismo y las tradiciones de los nativos americanos. El vudú de Nueva Orleans es una práctica moldeada por las luchas y triunfos de su pueblo y ha dado lugar a una tradición espiritual única y poderosa.

En el corazón del vudú de Nueva Orleans está la creencia en la interconexión de todas las cosas. Los espíritus, los antepasados y las deidades son considerados entidades vivas que pueden comunicarse y guiar a quienes buscan su ayuda. Mediante rituales, hechizos y ofrendas, los practicantes intentan forjar una profunda conexión espiritual con estos seres y aprovechar su sabiduría, guía y poder.

Este sentido de conexión y comunidad hace del vudú de Nueva Orleans una práctica profunda y transformadora. A través de su exploración de esta tradición, ha visto cómo ha dado consuelo, guía y curación a aquellos que buscan su ayuda. Es una práctica que honra la rica diversidad de nuestra experiencia humana y ofrece un camino hacia el crecimiento espiritual y la transformación.

Acérquese a la práctica del vudú de Nueva Orleans con sinceridad, reverencia y respeto. Confíe en el poder de los espíritus y déjese guiar por su sabiduría y guía. Recuerde que esta tradición espiritual requiere dedicación y compromiso, pero las recompensas son inconmensurables.

Que los espíritus le guíen y le protejan en su viaje, y que la práctica del vudú de Nueva Orleans le traiga la curación, la prosperidad, el amor y la buena suerte que busca. Camine con gracia, poder y amor, sabiendo que todo está conectado y que los espíritus siempre están con usted.

Vea más libros escritos por Mari Silva

Su regalo gratuito

¡Gracias por descargar este libro! Si desea aprender más acerca de varios temas de espiritualidad, entonces únase a la comunidad de Mari Silva y obtenga el MP3 de meditación guiada para despertar su tercer ojo. Este MP3 de meditación guiada está diseñado para abrir y fortalecer el tercer ojo para que pueda experimentar un estado superior de conciencia.

https://livetolearn.lpages.co/mari-silva-third-eye-meditation-mp3-spanish/

¡O escanee el código QR!

Referencias

Brown, K. (2001). Mama Lola: Una sacerdotisa vudú en Brooklyn. University of California Press.

Desmangles, L. (1992). Los rostros de los dioses: vudú y catolicismo romano en Haití. University of North Carolina Press.

Fandrich, I. J. (2005). El nacimiento de la reina del vudú de Nueva Orleans: Un misterio resuelto. Historia de Luisiana

Fandrich, I. J. (2007). Influencias yoruba en el vudú haitiano y en el vudú de Nueva Orleans. Revista de Estudios Negros.

Filan, K. (2010). El Manual del Vudú Haitiano: Protocolos para cabalgar con los Lwa. Destiny Books.

Guenin-Lelle, D. (2016). La historia de la Nueva Orleans francesa: Historia de una ciudad criolla. Univ. Press of Mississippi.

Hebblethwaite, B. (2012). Canciones vudú en criollo haitiano e inglés (voodoo Songs in Haitian Creole and English). Temple University Press.

McAlister, E. (2002). ¡Rara! vudú, poder y actuación en Haití y su diáspora. University of California Press.

Murphy, J. (2011). Trabajar el espíritu: Ceremonias de la diáspora africana. Beacon Press.

Packham, J. (2012). Vudú. The Encyclopedia of the Gothic.

Touchstone, B. (1972). Vudú en Nueva Orleans. Historia de Luisiana: The Journal of the Luisiana Historical Association

www.ingramcontent.com/pod-product-compliance
Lightning Source LLC
Chambersburg PA
CBHW072153200426
43209CB00052B/1169